アメリカのゴルフ
日本のゴルフ

はじめに

　数回一緒にラウンドしたことのある大会社の社長から予期せぬ手紙が来た。

「朝露を踏みながら静寂の林の中を歩く。小鳥のさえずりを聞きながら今日のラウンドを想い、胸がおどる。私はこの瞬間が好きだ。今となっては何にも代えがたい。社長職を辞して、残り少なくなって来た人生をゴルフざんまいで終わりにしたい。シニアゴルファーに加わることにした。レッドベターをコーチにして、私はプロになることにした」

　といった内容だった。

「おいおい、大丈夫かい」と私は一瞬思ったが、次の瞬間には、羨ましいなぁという気持ちになった。

　思えば、私は彼のようにプロを志すほどの腕になったことはない。(プロアマに出る時のＰＧＡのハンディは９・６だった) どちらかというと、日常気負うことなく出かけてプレーするマイホーム派である。しかし、時には新しいコースに行って、その日の期待感にわくわくするのも好きだ。

　アメリカには数々のゴルフリゾートがある。しばし滞在してコースに挑戦し、景色に感動し、静寂の中で酒をちびちびやるのはゴルフ冥利に尽きる。アメリカ人の髪の毛の色が種々あるように、アメリカのゴルフ場の趣も様々だ。なだらかな丘と池、ベント芝とブルーグラスをはじめとする種々の芝と草。チャレンジする舞台の多様性のなんと多いことか。ペブルビーチのような海辺のコースでラウンドすると、一日の時間の移ろいをゆっくり感ずる。

　私は、年齢も、体の大きさも、手のひらも全く同じニクラスに傾倒して、彼と同じ道具を使い彼のまねをしてインターロッキング・グリップでプレーするのに今もこだわっている。

　さすがに、マグレガーの９４５ドライバー（パーシモン時代、ニクラスが愛用していた）は使えないが、世に出た最強のアイアンと言われる

ＶＩＰアイアンは今も使っている。サテン仕上げのマッスルバックアイアンの美しさはいつ見ても新鮮だ。

アメリカ駐在も、ニューヨークに3年、デトロイトに10年。トータル13年を数える。その間、数多くの州に旅行したし、その目的は、ビジネスを除けば、ゴルフしたさだった。ラウンド後に、そのクラブハウスで買ったロゴボールは、３００個を超す。壁に掛けたラックが、三つになった。

毎年「5月1日には、ペブルビーチで」と呼び掛けてくれるＮＵＭＭＩのコンビス工場長に誘われて、私は10年間ペブルビーチに通った。今では、ＡＴ＆Ｔの放映が始まると何ホールのどこを映しているのか言えるほどに馴染んだ。

次の日、隣のスパニッシュベイでラウンドして、アルコールを手にバグパイプを聞き、日が陰ってくるモンテレー湾を眺める時間が一番好きだ。沖の彼方に潮を吹くつがいの鯨でも目にした時は、まさに時間が止まった感動におそわれる。

このモンテレー湾のゴルフ場と対極にあるのがオーガスタだ。オーガスタにもよく通った。毎年、マスターズを観に行った。ここは花咲き鳥歌う天国のように美しいゴルフコースだ。

ある時、突然「今からオーガスタに飛ぶが、一緒にどうだ。一昨日のマスターズの最終日のティーボックスと、最終日と同じピン位置でラウンドできる」と電話がかかって来た時には興奮した。

オーガスタでプレー出来れば、思い残すことは何もないというゴルファーが多い。そこでラウンド出来るのだ。

こんな具合に、アメリカでゴルフ生活を満喫して、私は長いこと留守にしていた日本に2000年に帰って来た。

幸か不幸か、私は日本のバブル時期、アメリカに居たので、何千万円もする会員券を買う機会がなかった。帰国する年に、日本に居る同僚から「岡崎の近くにニクラスの新しいコースが出来る。今、売り出したところで800万ぐらい。まぁまぁと思う」という電話が入った。

アメリカで駐在を始めた頃、かつてダイハツの仲間とラウンドした「名神八日市」の会員券がとうとう5000万円を超えたと聞いていたので、私の頭の中には、まだ、バブル感覚が残っていたようだ。「そうだね、いい情報をありがとう。明日、買うかどうかの返事をします」と彼に返事をした。そして、ニクラスの設計したコースといううたい文句がとどめの一撃となり、買うことに決めた。

帰国して昔の豊田の家に居を構えると、すぐにトラディションへ出かけた。ゴルフ場ももうすぐ完成すると聞いたので、ジャック・ニクラスに会えるかもと思って出かけたのだ。

場合によっては、ニクラスの弟子になりゴルフ場を設計したいとも思った。

行ってみると彼は一度も顔を見せず、「弟子のスミスが責任を持ってやっている。お会いになりますか?」とのことだった。その申し出を断って、ほぼ完成したコースを見ていると、一人の老婦人がキャディーに小さなマットを持たせて現れた。尋ねると、大会社の社長夫人とのこと。4番ホールに来て、案内の若林支配人に、ついつい、言わなくてもいいことを言ってしまった(日本に溶け込んだ今では、大いに反省している)。

「ニクラスのコース設計のポイントは、二つ。一つは、ティーグラウンドからターゲットが見えること、途中のバンカーも見えるようにして戦略が立てられるようにすること。二つ目は、大きなグリーンを作り、4分割にしてプレーヤーの技量に応じてピン位置を決められるようにすること。こんな風に理解していますが、この4番なぞ、直角に近い右ドッグレッグですね。これなど、ニクラスとは思えませんが……」

中部地区には、トラディションの他にセントクリークやサン・ベルグラビアや菰野倶楽部ニクラス・コースなどニクラス設計と称されるコースが点在する。これらのコースは、ニクラス自身がラウンドしたり、開発状況を見に来たりしたと後ほど聞いた。

私は今ではこれらのコースを回ってプレーを愉しんでいるが、アメリカで楽しんだニクラス設計のTPCミシガンやバルハラやミュアフィールドなどのコースを時々想い出す。

正式にトラディションが開場したので出かけると、ハンディキャップを取得するために10回以上ラウンドしてスコアカードを提出するように言われた。

入退場時には、ジャケットを着用するように注意書きが貼ってある。違和感を覚えたのは、「芝生保護のため」と書いた立て看板があり、アプローチはおろか、アイアンショットの練習も天然芝の上では出来ない点だ。

日本のトーナメントをテレビで見ていると、練習場で日本のプロはアメリカのプロのように、上手に芝を取っていかない。彼らも、日頃はマットの上にボールを置いて練習しているのだろう。

こうして、だんだん日本のゴルフに馴染んでいくにしたがい、トラディションには、競技指向の若者が集まっているのに気付いた。中には、襟を立て、タバコをふかしている連中も居る。

丸ちゃんやジャンボがアメリカへ来てもラウンド中にくわえタバコだったのを想い出す。アメリカのプロはテレビに映るような所では喫煙しないが、プロアマ大会に招待されたアマが得意気に葉巻をふかしているのが興味深い。アメリカでは、これが一種のステータスと思われているようだ。

私は、10のハンディキャップを貰う頃には、日本のゴルフにすっかり違和感を覚えなくなった。ラウンド前の練習ボールのコインを買い、テーブルクロスのある豪華なレストランでランチを食べ、ラウンド後には風呂で汗を洗い流す。

そうしている中に、時々、アメリカのゴルフ場と対比して日本のゴルフ場について次の点に気付いた。

●日本のプライベートクラブのメンバーは、リタイアした年配者が多い。特に近年はそうだ。

●女性は少なく、子供にいたっては、まず見ない。

●理事長は大抵、元会社社長で、そこの社員は接待ゴルフを受けている。ごく最近、古いメンバーと顔を合わせたら、次のような嘆き節が聞かれた。

●俺達がだんだん来られなくなったら、このゴルフ場はクローズするんだろうな。

●男子プロのトーナメントを見ても、主役の居ない舞台みたいに今一つ盛り上がらない。

●家族みんなでゴルフをやれるアメリカが羨ましい。

アメリカのゴルフ場は、家族連れで賑わっているのに、日本のゴルフ場は、シャッター通りになりつつある。日本で、もうすぐオリンピックが開催されるというのに、日本のゴルフ界がこのままで良いはずがない。

何でもアメリカの真似をするのも癪だが、とりあえずは、アメリカ流の仕組みを取り入れて、日本のゴルフ場に活気をもたらすことが手始めだと思う。みんなの考えを聞くのも良い。Jリーグは、すっかり定着して盛況だが、今も観客の意見を募集している。この姿勢には、頭がさがる。

この書は、日本のゴルフ界が早く世界の潮流に身を置くことを願って書いた。皆さん方の意識改革を願ってやまない。

追伸

昨年の話です。

安倍首相がトランプ大統領の招待を受けてフロリダの彼のコースを一緒にラウンドすると報じられました。

例えば、日本で我々が使うロングホールとかショートホールとかいう呼び方は、アメリカでは通じません。また、日本ではオーケーとよく使いますが、これもアメリカでは違った意味で使われます。

そこで「意志の疎通がはばかられてはまずい」と思い、首相の渡米前に首相官邸にメールを送りました。

ゴルフ用語の日米差についても、私が米人とラウンドして学んだ彼らの用語を書きました。

オリンピックもやがてやって来ます。世界で通用している実用英語をたしなむことも日本のゴルフ界の進展にはかかせないものでしょう。

日本の皆さんがテレビでPGAのトーナメントを見ていて、「おや？」「何のことだろう？」と思われることも少なからず、おありだと思います。

この本では、ゴルフ用語に始まって、アメリカのゴルフ界の特徴を日本のゴルフ界と対比しながら説明します。

アメリカのゴルフ、日本のゴルフ

第２章　アメリカのゴルフ場の特徴

第3章　コース設計

第4章 技術的論考

第5章 道具の進化と弾道の変化

第6章　プロアマ大会に出場

第1章

アメリカのゴルフ場のメンバーシップの仕組

① 年会費方式で、会員の家族はみんなタダでラウンド出来る。

「ではの神」という言葉がある。駐在を始めてその地の生活振りやしきたりを学ぶと、故郷の人間に向かって、「アメリカではコウコウなんだよ」と彼我の違いを殊さら際立たせてしゃべる連中のことを指す。

この本も、「ではの神」が中心になっているが、出来るだけ物語風に話を進めるので、暫く我慢して読んでいただきたい。

1991年に二回目のアメリカ駐在を始めたが、今度は、日本でいうゴルフ会員権を会社が買ってもいいと言う。

どこにしようか迷った末に、ニクラスが造ったというTPCミシガンに決めた。フォードのワールド・ヘッド・クォーターの裏側の湿地帯を利用して造ったため、一部悪臭のする所があるが、TPCと冠が付くのも気に入った。プロがやるゴルフ場なのだ。

預託金100万円、年会費30万円を払ったのだが、年会費が高い。日本の数万円に較べると、やたら高い。疑問に思って聞いてみると、本人は勿論、家族（23歳以下）もプレー代はタダだとの答えだった。

かくして、私達夫婦と高校に通っている娘二人の四人は、週末になるとＴＰＣミシガンに足繁く通うことになった。

アメリカでは、シングル・ハンディの人達は、大抵、自分でバッグを担いでラウンドするが、ここみたいにエグゼクティブが多いクラブでは、二人乗りのカートを利用する。このカート代は20ドルと結構高かったが、フェアウェイを自由に駆け回れるので娘達は手放せなくなったようだ。

アメリカでは、日本で言うスルーが一般的だが、ラウンド後、クラブハウスで食べるハンバーガーとスイーツが娘達を魅了した。

古くから在るデトロイト・カントリークラブなどへ行くと、大勢の子供達の声が聞こえる。練習場に行くと、三角錐に積み上げられた白いボールの山を打ち崩している。

アメリカのゴルフ人口の多さ。一日中、家族ぐるみでゴルフに興ずるアメリカ。日本の一部で開催されている「キッズ・スクール」を想い浮かべるが、彼我比較するまでもない。

② アメリカには有名なパブリックコースが多いのは、なぜ？

ペブルビーチ

私は1991年から2000年まで、10年間5月1日にペブルビーチ・ゴルフリンクスでラウンドした。

初めの頃のプレー代は、150ドル程だったが、帰国後2015年にのぞいた時は495ドルで3カ月ばかり順番待ちとのことだった。

2015年に日本から出かけた我々家族はラウンドできず、18番ホール横のショップで買い物をし、バーでカーメル湾に沈み行く西日を眺めてカクテルをちびちびやった。

ここのプレー代の高騰ぶりに、少なからず日本人が、今では韓国人や中国人が貢献している。現に、当日、スターターの所で若い中国人カップルに出会った。二人は20歳ばかり、嬉しそうに出て行った。

ここのように、プレー代が二倍にも三倍になっても人気が衰えずに、ビジターが集まっ

アメリカを代表するパブリックコース・ペブルビーチ・ゴルフリンクス

てくると、この売上げがそっくりゴルフ場の収入になる。ゴルフ場の人達のモチベーションが上がり、ますますプライドを持って仕事をするようになる。

前の頁でTPCミシガンの話をしたがプライベートクラブの場合はプレー代での増収は望めない。預託金の値上がりに期待することになる（預託金は、文字通り、脱会する際に、預けた分帰ってくる。値が下がればゴルフ場側の損失になる）。

ペブルビーチに行く途中に、海に面した岩場に立つ一本松で有名なサイプレス・ポイント・クラブが在る。いつ通っても、プレーしている人影を見たことがない。こういうゴルフ場のメンバーは、アメリカでも有数の成功者達と言われる。メンバーの数は、３００人に達しないものと思われる。

サイプレスは、最もプレー出来ないゴルフ場と言われている。

世界一の車ディーラーのロンゴ・トヨタのオーナーであるグレッグ・ペンスキー氏がこのメンバーだが、私の10年間の駐在中にチャンスは来なかった。

パインハースト

東海岸のノースカロライナは、日本の気候に似て四季があり、松の木がたくさん見られる。元々は、繊維産業が栄えた州だが、ここにパインハースト・ゴルフクラブが在る。

ここの＃2コースは、全米でも十指に入るコースに入れられている。

私が帰国した2000年の直前に、八番目のコースが完成した。＃2は、「止まらないグリーン」が有名で、メジャーの舞台にもなる所であるが、私は、出来たばかりの＃8が好きだ。その雄大な構えが気に入っている。

このパインハーストのクラブハウスは美しい。白い建物が緑の中に瀟洒な姿を見せる。少し離れた所に美しいクリケット場を併設した大きなゴルフショップ＋ダイニングが在る。

このパインハーストは、ある意味、バブル期の日本のゴルフ場に似ているかもしれない。ある会社が、100名程のゲストを集めて、一週間近くゴルフ合宿をすると想像して下さい。

クラブハウスに寝泊まりし、おそろいのロゴ入りシャツを貰い、数日間、＃1から＃8

のコースをラウンドする。

夕食時には、ホスト会社の社長が「ご参加下さり…」と挨拶する。アメリカの接待ゴルフは桁違いだ。

ここも、アメリカのゴルフ場の発展の歴史に違わず、いわゆる「片田舎」のゴルフ場から出発、今では、街も大きくなってゴルフ場の名前をちゃっかり借りるまでに成長した。パブリックだからこそ、大勢の団体客をさばけると言えよう。冬場は、雪にとざされる北国から、暖かい天候とゴルフラウンドを求めて大勢の家族が集まる。カロライナの気候に恵まれたゴルフリゾートだ。

3 冠に「TPC」の付くコースは何？

TPCスコッツデール

年が明けてからのPGAのトーナメントは、ハワイ、西海岸から始まり、やがてアリゾナのフェニックスに在るTPCスコッツデールにやって来るが、ここのトーナメントに集

TPCスコッツデール・スタジアムコース

まる観客数は、4日間で70万人を超える。他では、考えられない観客数だ。

仮設スタジアムが作られ、人々はドリンクを片手にお祭り気分で観戦する。プロもちょっとしたゴルフ用品を準備してきて観客席へ投げ入れたりする。ゴルフというスポーツとかけ離れた雰囲気に包まれる。

このフェニックスには、同じトム・ワイズコフの造ったトルーン・ノースと呼ぶ砂漠の中の美しいゴルフコースが在るが、こちらには、TPCが付けられていない。なぜなら、PGAトーナメントを開催するのに相応しくないコースだからだ。

PGAツアーのトーナメントは、歴史的に見れば、各地の有名コースを使って来た訳だが、これらのコースは観客数の増加やテレビ放映などといった時代の波について行かれなくなって来たと言える。また、プロのプレースタイルも高度になって来て、新しいタイプのゴルフコースが期待されるようになった。

ニクラスは、数多くのゴルフ場を設計して来ているが、彼のコースでは、観客がプレーを見易いようにグリーン周りをマウンドで囲むように心掛けている。彼の言うスタジアムコースだ。

こういった新しいタイプのゴルフ場の中で、ＰＧＡツアーは「いつでもトーナメントが開催出来ると認定したゴルフ場を選んでＴＰＣ（トーナメント・プレーヤーズ・コース）と名付けた。

ＴＰＣという冠を貰ったゴルフ場は、ＰＧＡツアーの要請があればいつでもトーナメントを開催出来る状態にコースを整備しておかなければならない。その見返りとして、ＴＰＣと名の付くゴルフ場は権威付けられ、そこのメンバーになるための入会金（預託金）が高騰する。年会費も高くなる。

つまり、ＰＧＡツアー側とゴルフ場側がウィンウィンの状態、双方がおいしい状態になる訳だ。

ＴＰＣスコッツデールのように名前にＴＰＣの付くゴルフコースは全米で15ばかり誕生したが、現在では20をはるかに超えている。

池の中の小島グリーンに、最終日に「池ポチャ」して優勝戦線から脱落するプロ。このシーンを記憶している方も多いと思うが、これはＴＰＣソーグラスだ。

ＴＰＣミシガン

この本の「はじめに」に書いたが、私の10年間のデトロイト駐在期間中、私はＴＰＣミシガンのメンバーになった。ニクラスのロッカーの隣に自分のロッカーを貰い、得意になっていたが、日本から出張で来る先輩諸兄がその前で記念写真をパチリ。彼のロッカーは、いつ開けても何も入っていない。年一回使われるだけだ。

アメリカのロッカー室では、履いて来た靴と、ラウンド後のゴルフシューズは磨いてくれる。私は、靴みがきのおじさんに習慣的にチップをいつも3ドルあげていた。

ＴＰＣミシガンは、ニクラスの造った平坦なコースである。

赴任して驚いたのだが、デトロイト近辺にはスキーの出来る山がない。それほど平らな土地で、池や湿地帯がいたる所に在るが、逆にニクラスのコース設計方針がかなりの自由度で実現できると言えよう。

１９９１年に着任してトーナメントを見に行った時、まだ学生だったフィル・ミケルソンが来ていた。学生らしく、キャンバス生地のバッグに、使い込んだクラブが入れてあったのを今でも想い出す。

ニクラスの試合も数回見たが、シニアツアーのトーナメントだったと思う。恐らく、今では、TPCミシガンではシニアツアーの試合の方が主になったのではと思う。

余談だが、シニアプロの飛距離は、レギュラープロの飛距離にひけを取らない。グリーン周りはシニアの方がうまい。何が劣るかと言うと、彼らの体力と根気だ。従って、シニアのトーナメントは、カートを使い3日間になっている。


着任後数年たって私はプロアマに招待されるようになった。

ハンディキャップが要るようになって、ホームコースのTPCミシガンのプロに認定書をくれるように頼んだ。

依頼した後、私達は暫くぶりに家族四人でラウンドしていた。そして、インに入って10番でティーショットを打ったら、「グッドボール（ナイスショットのこと）。プロフェッショナル！」と叫ぶ声がした。振り返って見ると、クラブのヘッドプロだった。そして、ラウンド後にプロショップに立寄ると、ハンディキャップ9・6の認定書をくれた。いかにもアメリカらしい。

余談だが、アメリカのゴルフ場で一番偉いのはヘッドプロで、全てを仕切っている。日本のように顔を出さない支配人や理事長ではない。

④ PGAのプレーヤーの出身大学が話題になる理由は？

ニクラスのオハイオ州立大

「ジャック・ニクラスの陰で万年2位に甘んじていたトム・ワイズコフは、素晴らしいショットを持っており恐怖のトムと呼ばれていたが、二人は、オハイオ州立大の同級生の間柄」といった記事がゴルフ雑誌に書かれているのを時々目にした。

頭初は、首位争いをする二人が、元を正せば級友だったということで、メディアが面白おかしく書き立てているのだと想ったが、どうも、そうではないらしい。大学出が有利な理由を述べている記事だった。

その一番の理由は、ラウンドする場所と時間を享受出来るのは、学生が最も恵まれているということのようだ。

私が10年間勤務していた米国テクセンはミシガン大に隣接しており、そのミシガン大は二つのゴルフ場を持っている。

道一つ隔てた農園の中に、ピート・ダイの処女作のラドリックは在った。このコースには、随分お世話になった。私の好きなゴルフ場の五本の指に入る。

夕方行くと、教職員や学生がバッグを担いでゴルフを愉しんでいる。北国のミシガン州では、夏場の日没は夜の9時半頃なので、夕方から回っても18ホール回れる。トワイライトと言ってアメリカでは一般的な仕組みだ（パブリックだと、10ドルも出せばやれる）。

今、日本ではJリーグが人気だが、Jリーグの出来る前の日本で一番サッカーが強かったのは学生だった。大学だった。

やはり、実業団では、十分な練習時間が取れずに大学生のチームに名をなさしめていたのだ。

練習出来る場所と時間では、アメリカの場合、概ね都会から離れた場所に在るステート大の方が優位だ。

ステート大と呼ばれる大学は、各州が農業伸興のため設立した大学である。

タイガー・ウッズのスタンフォード大

スタンフォード大は、全米でも有数の秀才が集う大学である。

アマチュア時代のタイガー・ウッズ。スタンフォード大学はトム・ワトソンの出身校でもある

西海岸のサンディエゴ近辺とか、アリゾナのフェニックスに在るゴルフ場に行くと、「タイガーが学生の頃よく来ていたよ」という話を聞く。彼の話は、ホームコースの話よりも、全米学生選手権等の各種競技会で優勝したという話が多い。

私は、1991年に駐在を始めたのであるが、彼の学生最後の年の選手権のマッチプレーの死闘をテレビで見たのを想い出す。相手が、ブロンドの美少女をキャディーにして、4アップぐらいしていた。それを最後にひっくり返したタイガーの気迫のすごさは、みごとだった。

タイガーがプロになり、ニクラスの作った数々の記録をいつの時点で追いつき追いこすのかが、しばらくの間はメディアの話題になった。スタンフォード大の級友としては、ノタ・ビゲイがしばらくタイガーと絡めて話題に上ったが、現在の彼はゴルフ解説で知名度の高いピーター・コスティスの下で、ラウンドレポーターをやっている。

タイガーは四日目の最終日に赤いシャツと黒いパンツを着用するのを習慣にしているが、リッキー・ファウラーのように大学のスクールカラーのシャツは着ないい。だからとは思わないが、「タイガーのスタンフォード大」という言い方は放送で出て来ることは少ない。ただ、この書を書き終わり、今年（二〇一八年）のフェデックスカップの最終戦をテレビで見ていたら、久し振りに「タイガーのスタンフォード大」が出て来た。彼は、スタンフォード大のスコアカードフォルダーを使っていたのだ。

フィル・ミケルソンのアリゾナ州立大

ジョン・ラームというアリゾナ州立大出のプロ一年生が大活躍、現在、世界第3位の位置に躍り出た。彼はスペイン人だが、同じスペイン人のガルシアがアメリカでデビューした時は〝神の子〟と呼ばれる程の華々しさだったのと比べると意外なほど静かである。

ラームの場合は、むしろミケルソンの後輩とか、ミケルソンと同じアリゾナ州立大出身と紹介されることが多い。

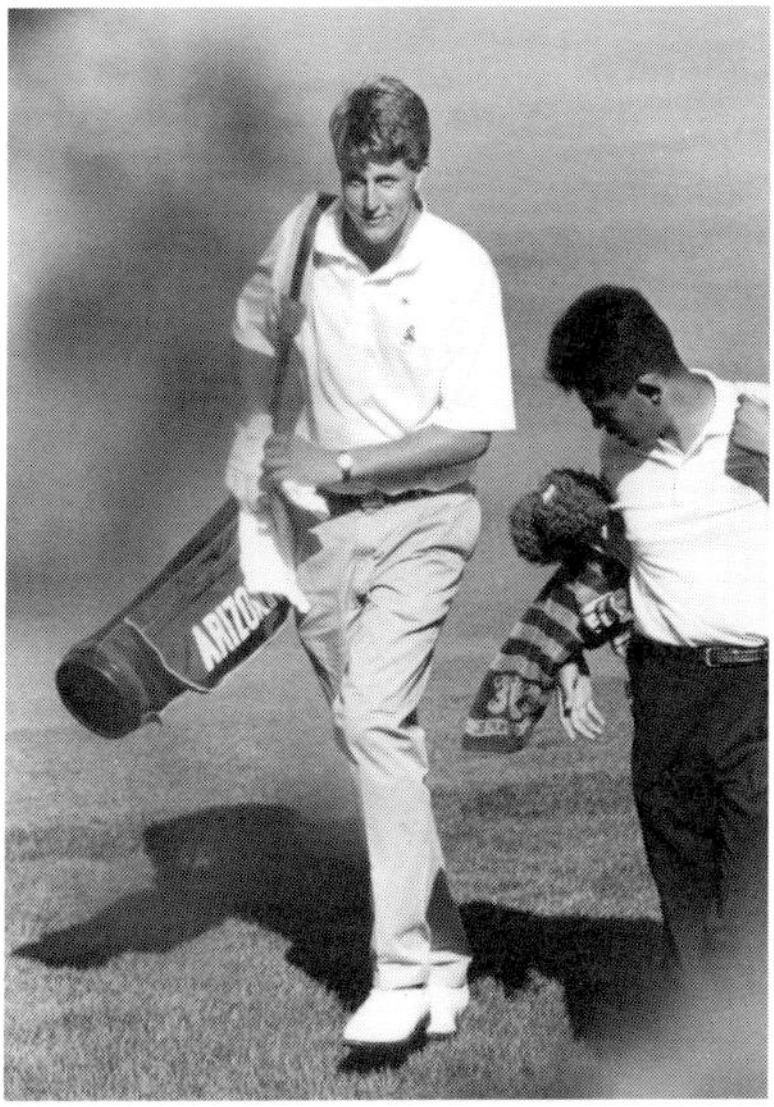

アリゾナ州立大学出身のフィル・ミケルソン。在学中にPGAツアーのノーザン・テレコム・オープンで優勝している

伝説的な天才ゴルファーだったセベ・バレステロスのような格好良さがなく、ずんぐりむっくりの体型だが、ミケルソンのようなしぶといプレースタイルから、同じ大学出と称されることが多いのだろう。

アリゾナでは、ゴルフを年中やれる。従って、多くのプロゴルファーが住んでいる。フェニックスの街（200万都市）には、高級車のカーディーラー街がある。レクサス販売店を覗くと、愛用車に乗ったプロゴルファーの写真が数多くピン留めされている。

ここでは、三つの大学の出身ゴルファーの話をしたが、最近テレビで目にするのは上位プレーヤーの名前の横に出身大学のロゴマークが付けられていることだ。なぜか、解説者も出身大学を強調するようになった。多分、大学側はゴルフ奨学金を払って潜在的に能力の高いゴルファーの卵を集めて大学名を売り、能力ある学生はどの大学に行けば早くプロになれるか判るようにと思い図ったＰＧＡツアーの方針をテレビ局が受け入れているからだろう。これが強まったのは最近の話である。

第2章 アメリカのゴルフ場の特徴

①造成理由から見たアメリカのコース

社員のために――ファイアストン

レース用タイヤのメーカーとして有名だったファイアストン社は、オハイオ州のアクロンに在る。ここは、今でこそ街だが、その昔は何もない土地だった。従業員が自分達のため、モッコを担いで造ったのがファイアストン・カントリークラブのサウスコースだ。平坦な土地で、林を切り分けた「行って来い」のコース。私にとっては、何の楽しみもない長々としたコースで、その後出来たノースコースの方は丘陵地に池を配した戦略的なコースだ。

プロがやるのはサウスコース。ワールドシリーズの開催地として有名だが、さすがに最近になって、ロバート・トレント・ジョーンズ・ジュニアが改修したものの、基本的な「行って来い」の形は残ったままだ。

このファイアストンで興味深かったのは、大きなクラブハウスの中に丸太小屋を見つけた時だ。「トム・ワトソンの小屋」という看板が掛かっていた。ワトソンが活躍する頃で

WGCブリヂストン招待（旧ワールドシリーズ）の舞台として知られるファイアストンCC

も、ここはホテルも見当たらない辺鄙な田舎だったと想像される。

アメリカの国土は本当に広い。ツアープロは大変だ。今でこそプライベートジェットを所有するプロも増えて来たものの、その昔は、トレーラーハウスを運転して転戦したプロが多かったと聞く。月曜日の予選に出るシード権のないプロは、大抵、トレーラーを駆って次の試合地に行ったようだ（彼らはラビットと呼ばれていた）。

日本のように細長い国土で新幹線があり、宅配便の在る国は、本当に楽だ。しかも、ゴルフ場の近い所に宿を見つけて常宿に出来る。中嶋常幸プロは、豊田市の豊龍閣を常宿にして和合に通ったと聞いている。

地域の住民のために——1920年代のカントリークラブ

1920年代のアメリカは、全ての分野で火を吹く勢いで発展した。特にデトロイト地区のインフラの発展は目をみはるものがあった。世に言う「ロアリング・トゥエンティ」だ。高速道路網が出来、高層ビルが出来、数々のゴルフ場も完成した。この繁栄は1970年代の初めまで続く。

この頃に出来たゴルフ場では、クラブハウスからいくつものホールが見える。グリーンの横には、次のホールに向かうティーボックス（ティーグラウンドのこと）があり、プレーする人々の姿がにぎやかに目に入る。アメリカ人の好きな公園の趣がある。

私の住んで居る東海地方で、この手のゴルフ場を探すと、多治見のスプリングフィールド以外、思いつかない。日本の場合、山や谷が在り、設計の制約が大きいからだろう。

因みに、デトロイトには100以上のコースが在り、私の住んでいたブルームフィールドヒルズから15分以内に20を超すゴルフ場が在った。

高級住宅地の中に——TPCミシガン

私がメンバーになったTPCミシガンは、周りを高級住宅地に囲まれている。新しく出来るゴルフ場は、概ね、このタイプだ。

早朝起きて、ＰＧＡの放送を見てほしい。コースの周辺には、形が似たような住宅が見え隠れする。ゴルフコースを借景にした住宅を作り、雪が降る冬場でも人影が途絶えないコミュニティ、サブディビジョン（高級住宅地）を作っている。

ＡＴ＆Ｔで有名なペブルビーチの山側には超高級住宅が並んでいるが、これはゴルフ場の周辺に、後から建てられた住宅である。日本がバブル経済に沸いた頃、ある商社の社長が、地下に10レーンもあるボウリング場を備えた豪邸に住んでいて話題になった。

２　伝統的なゴルフ場

白人社会の面影を残しているオークランドヒルズ

１９９１年〜２０００年までデトロイトに駐在したが、はじめの頃私が住んだ家は、ブルームフィールドヒルズに在った。そこから３マイル南にオークランドヒルズが在り、車で5、6分だった。

グッドイヤー社は、理事長のブラウンさんを嘱託に雇い、ここを十二分に活用していた。クリスマスの時期になると、毎年パーティーに誘ってくれたし、夏場は、時々、グッドイヤーの幹部とラウンドするチャンスをくれた。

1994年だったと想うが、ケンタッキー工場の張さんから「オークランドヒルズを回りたい」という電話が入った。「オーガスタはラウンドしたことがあるが、オークランドはまだないので帰国する前にぜひ」ということだった。

オークランドヒルズは、デトロイトが自動車産業で飛躍した1918年にドナルド・ロスが設計して完成した。USオープンやPGAツアーのメジャーの開催地としても有名で、ベン・ホーガンがモンスターと呼んだという逸話が残っている。やや打ち下す1番ホールのティーボックスに立つと、「狭くて、長いフェアウェイとその先の凸凹のグリーン」が見て取れる。

ここの16番ホールは、柳の木と池を周る右ドッグレッグのパー4だが、ゲーリー・プレーヤーの水切りショットが語り継がれている。

PGAチャンピオンシップの最終日、先頭を走っていたプレーヤーのティーショットは、フェアウェイ右側の柳の木のさらに右の雑草の中に飛んでいった。9番アイアンで打った彼の第2打はグリーン手前の池を越えてピンそばに寄りバーディー。プレーヤーの優勝はゆるぎないものになったのだが、人々は、あの第2打は水切りショットだったと噂している。

長い歴史を持つゴルフコースなので、他にも人々が口にする「語り草」をラウンド中に耳にする。

「ここが日本のNプロが何回もたたいたバンカーだよ」とか、「Jプロが、18番のグリーン周りのラフにてこずってボールがなかなか出なかった」とかの話も聞いた。

余談になるが、私が知っているモンスターと呼ばれているコースは、ニューヨーク州のベスページ（ブラックコース）とコンコードである。雨の中、コンコードでラウンドした時は、打てども打てども届かず、疲れ切ったことを今でも思い出すことがある。

張さんをお連れしてオークランドヒルズに顔を出した日は、五月晴れの日曜日だった。ブラウンさんがグッドイヤーの人間と一緒に我々を迎えてくれた。

「やっぱり、サウスコースは女性とビジターは、午後しか回れません。午前中は、イーストを9ホールラウンドしましょう」とブラウンさんに言われて、我々は東コースに行った。

私の出だしは不調で、二つのパー3はダボとトリだった。昼時になって、サウスの18番横の小屋でホットドッグとビールで一息ついた。そして我々はいよいよチャンピオンコースを回ることになった。雰囲気に慣れてきたのか、私のアイアンはイースト・コースの時に較べて見間違えるように良くなり、パーとバーディーの次には、13番ホールでホール・イン・ワンを達成した。私の当日のパー3ホールのスコアはそれまで1、2、3、4、6であった。

最後のパー3の17番は、超難関ホール。180ヤード先のグリーンは急傾斜で、プロでもピンの上に付けたら3、4パットは覚悟しなければならないと言われている。

なぜか、私は5を取りたいという思いになり、結果としてなんとか5で切り上げることができた。

ブラウンさんが「マイク、ホール・イン・ワンのお祝いが、クラブから貰える。ショップに行こう」と言う。

日本の場合と逆だ。それを聞いて、私は13番ホールの写真と四人のスコアカードを入れた額を貰うことにした。

その後、我々四人は、ラウンド後に一杯やるためにメンバールームへ行った。

そこでカードをしている連中に、「マイクから一杯ずつおごって貰えるぞ」とブラウンさんが大声を出した。

見るとカードをしている連中は、皆スッポンポン。バスタオルを膝に掛けているだけ。私は驚いた。さらに驚いたのは、サーブしている黒人の肌が、消しずみのように黒かったことだ。

私は、なぜか映画「風と共に去りぬ」の一場面を想い出していた。オークランドヒルズのメンバールームには、あの時代が今も生き残っている。

世界のゴルフ界の至宝――オーガスタ・ナショナル

4月はじめに開催されるマスターズを知らないゴルファーは居ないだろう。

プロゴルファーの究極の目標は、マスターズに出ることだ。この世界のトッププロが競い合う舞台はジョージア州に在るオーガスタ・ナショナル・ゴルフクラブ。

アマチュアで並ぶ者の居なかったボビー・ジョーンズは、アトランタのはずれに恰好の台地を探し当てて、アリスター・マッケンジーと一緒に理想のゴルフ場を造った。これが、花咲き鳥うたう夢のゴルフ場で、よく西海岸はモンテレー半島にあるペブルビーチと対比される。

オーガスタについて「おや？　何のことだろう？」と思うことが私にはあった。即ち、「パー3コンテストは、どこでやるのだろうか？」とか、「マスターズが終わると、数ヶ月の間芝の養生のためクローズする」とか、スーッと呑み込めないことがあった。また、マスターズの観戦チケットはパトロンと呼ばれるメンバーに配られて、通常のルートでは手に入らないという話も聞こえて来る。

GEのウェルチ会長が週末オーガスタに飛び、ラウンドを愉しんでいるとか、ライス国務長官は、女性の入会を禁ずるしきたりを破るため苦労しているとかの新聞報道も目にした。オーガスタは、私にとって不可解なことの多いゴルフ場だった。

そんな私の疑問をさっぱり解消してくれる出来事が起こった。

マスターズが終了して、興奮さめやらぬ2日後、我が米国テクセンの春と秋のゴルフ・アウティングに参加してくれていたコングロマリットの会長から電話が入った。

「今から、オーガスタに行く。行かないか?」

私は耳を疑った。

「もう一人、誰か居るか?」と付け加える。

「30分後にウィローランで落ち合いましょう。途中、ケンタッキーに着陸してくれれば、ゴルフ好きの私の友達を拾えます」と答えて、私は会社から一番近い飛行場へ車を走らせた。

オーガスタへは、それまで幾度もマスターズの観戦に出かけていたが、オーガスタの町はサウスカロライナ州との境に在り、民間機が飛んでいない。アトランタから東へ20号線で2、3時間走った所に在る。

不便な所だが、プライベートジェットだとデトロイトから2時間そこそこで着く。

会長のお付きの男を加えた私達四人は、到着するとすぐに練習場へ出かけて、体を慣らした。私のアイアンショットは絶好調。「よしっ」と挑戦意欲が湧く。

練習を終えた私達は、クラブハウス内の記念品を眺めた後、ハウス前の白いテーブルとグリーンの傘の見慣れた場所で一服。そして、カートに乗って1番ティーに向かった。

ティーボックスもピン位置も、一昨日のマスターズの最終日のままである。

(アメリカのゴルフ場で見慣れたEZGO《イージーゴー》のカート会社は、オーガスタのメインテナンスを一手に引き受けており、マスターズが終わって休眠に入る前に親会社の幹部4組ばかりにラウンドするチャンスを与えている。私ともう一人の同僚は、急遽親会社の役員になったという次第だ)

1番ホールは、だらだら上りのパー4。55歳になる私の飛距離では2オンは無理なので、手前から寄せワンを狙ったが、2パットのボギーだった。

(アメリカの有名なゴルフ場では、プロの卵をキャディーに連れてラウンドするのだが、

この日の我々は、二人乗りのカートに乗って移動した。ＥＺＧＯの幹部だから仕方ない）

プロの卵のキャディーが居たら、私の攻め方にうなずいたと思う。

2番ホールは下りのパー5、私のティーショットが素晴らしく、2打目を狙うか刻むか迷った。しばらく考えていたらパートナーが「届くよ。狙うべきだ」とけしかける。

スプーンで打った2打目は、右のバンカーに。そしてバンカーショットが、どういう訳か、ピンそばに寄った。喜んでピンにかけよってみると、下りの1メートル弱のパットが残っている。体中が緊張する。

何度も聞いてきたガラスのグリーンだ。結局、触っただけで、ボールはカップの横に。でも、初パーが来た。

こんな調子でプレーを続けて、前半はボギーペースの45だった。

十分満足できる出来だ。そういった気持ちで後半は意欲が空回りした。

アーメンコーナーの始まりの11番ホールでパーを取り、私は意気揚々と12番のパー3のティーボックスに立った。ここは１５０ヤード程の短い川越えのパー3。

私の打ったボールは、ひっかけ気味に左奥の山肌に向かって飛んで行った。ボールは埋もれてしまったとみえ、四人で探しても見つからなかった。結局、ロストボールでダボをたたいたのだが、アーメンコーナーの13番と、次の14番ホールでパーを取った。ここで再び頑張ろうと意欲が空回りして、15、16番ホールで大たたきしてしまった。終わってみれば、後半のスコアは、48。

結局、私のオーガスタは93のスコアだった。慰めを言えば、パーを5つ取れたことだろう（マスターズ最終日のピン位置で、ですぞ）。長さから見れば、オーガスタは、ベン・ホーガンにモンスターと呼ばれたオークランドヒルズの対局にあり、７０００ヤードを切る短いコースだった。

しかし、ボールと道具の進化に伴い、プロの飛距離が格段に伸びた現在では、オーガスタもティーボックスを後ろに下げている。

私がプレーして強烈な印象を受けた18番ホールも今では60ヤードも下げられた。御存じのように、この最終ホールは、右側の木々が覆いかぶさるように配置された狭いフェアウェイで、気持ち良くドライバーを振ると丁度入る位置に左側バンカーが在った。パーシモンの時代では、この大きなバンカーを越えるティーショットを打てるプロは限られていたのだが、今では、ほとんどのプロが楽々とこのバンカーを越えて行く。飛距離の進化は驚くばかりだ。

私がプレーした１９９５年に較べて現在のオーガスタは、アウトで２２５ヤード、インで２２０ヤード、トータルで４４５ヤード長くなっている。

18ホールを回って、私は、ヘトヘトになった。疲れた。他の三人も疲れ切った顔で、出発地点の白いテーブルとグリーンの傘の芝に座り込んでしまった。

会長が言った。「パー3コンテストはどうする？　やるか？」

しばらく考えて、「やりましょう」と私が言った。パー3コンテストなるものも、私の疑問の一つだったからだ。

会場は、クラブハウスから少し離れた所に在った。小さな池の周囲に150～200ヤードぐらいのホールが九つ設定されている。「ここなんだ」ともやもやが晴れた。

アイアンの調子の良い私は、全てのグリーンを捕らえることができたが、バーディーは一つも取れなかった。全て、パーで終わった。

日が傾いて来た。我々四人は、待っていてくれたボンバルディアに搭乗して一息ついた。舞い上がった機内でビールを手にして今日のラウンドを反省した。ケンタッキーで降りた同僚は91で回っている。

そういえば、彼は15番ホールで第2打を池の淵に入れ、そこから第3打をグリーンに乗せた。あれはうまいショットだったな。

次第に、ビールの酔いが回ってきた。

3 有名なリゾート地に集中

モンテレー半島──AT&Tプロアマで有名

カリフォルニア州は西海岸と呼ばれるように、太平洋に面して北はオレゴン州から南はメキシコに至る南北に細長い州である。北からサンフランシスコ、ロサンゼルス、サンディエゴといった大都会が、日本の我々にもおなじみである。

サンフランシスコから南へハイウェイ101号に乗るとサンノゼへ2時間ほどで到着する。そこからモンテレー半島に地道で向かうと30分程でモンテレーの街に入る。かの有名な17マイルロードで半島を右まわりで回ると、ペブルビーチ、サイプレス、モンテレー、スパニッシュベイ、スパイグラスヒルといったゴルフ場が現れる。

今年（2018年）のAT&Tでは、ホストコースのペブルビーチの他には、スパイグラスヒルとモンテレーが選ばれた。

写真やロゴマークで有名なのは何といっても、サイプレスの曲がった一本松だろう。ペブルビーチは岩場に立つ一本松、スパニッシュベイは、バグパイプを吹く少女、そしてスパイグラスヒルは名前そのものの望遠鏡を覗いている海賊といった具合に、これらのロゴマークは、ゴルファーの憧れの的でもある。

サンフランシスコ湾のフィッシャーマンズワーフは有名な観光スポットであるが、ここのモンテレー湾にも小振りだがフィッシャーマンズワーフが在り、昔の缶詰工場が観光スポットになっている。ここには高級な三つ星ホテルも在る。

2000年になる頃までは、ペブルビーチでプレーするには、クラブハウスとゴルフショップと継がって建っているホテルに350ドルも払って泊まればよかったが、私達夫婦が2015年に行った時は5000ドルに値上がりしており、3ヶ月の待ち時間が要ると言われた。

スパニッシュベイには、ショッピングアーケード付のホテルが在り、こちらはもっと高級だ。

前にも書いたが、私は1991年から2000年まで10年間、5月1日にペブルビーチでプレーしたが、泊まる所はカーメルの街中で探した。この街は、全くアメリカらしくなく、まるでヨーロッパの古い街を訪れた気分になる。

小ぢんまりした街に、ヨーロッパ風の小ぢんまりした宿が並んでいる。レストランも、あちこちに在る。夜半に散策しても危険な感じを受けない街だ。その昔、ダーティー・ハ

2019年に開場100周年を迎え、その記念として全米オープンが開催されたペブルビーチGL

リーで有名な、クリント・イーストウッドが市長をやっていたからかもしれない（笑）。

ペブルビーチは、宅地開拓業者のモース氏が不動産セールスマンのネビル氏にカーメル湾沿いに造るように頼んだゴルフ場で１９１９年に完成している。

（ネビル氏は、５回もカリフォルニア・アマチュア・ゴルフ・チャンピオンになっている）

このコースは、１番ホールから５番ホールまで内陸側に在り、６番ホールから10番ホールが海岸べりを進み、11番から16番まで、再び、内陸側に位置し、最終の17番ホールと18番ホールで再び海岸べりに来るというレイアウトになっている。そして、内陸側は比較的易しく、海岸べりのホールはタフだ。

私達は、10年間、５月１日にラウンドしたのだが、風の恐怖を全く感じなかった。おだやかな日ばかりだった。

有名な7番は、100ヤードの凄まじい打ち下しホール。私達はウェッジを使い、パーを取っていたのだが、真正面から強風が吹いて来た時に、ジャック・ニクラスは4番アイアンを使ったそうで、これが後世の語り草になっている。「なぜ4番アイアンを選んだのか？　その弾道は？」と考えるだけで興味が尽きない。8番ホールは海越のパー4、9番と10番ホールは、狭いフェアウェイが海側に傾斜しており、風が吹かなくても落とし所が限られる。

17番は、カーメル湾に向かって打つパー3ホールだが、グリーンは前後に奥行きのないむつかしい形をしている。

18番のあがりホールは左に曲がった海岸沿いのパー5。2オンを狙うと、海に落とすか、グリーン右手前の松の木に当てたりする。

ペブルビーチほど、各ホールがユニークであるコースは他にないだろう。海辺のアザラシやオットセイを眺めてのプレーも他では味わえない。ラウンドを終えて沈み行く夕陽を眺めて飲むアルコールは殊の外味わい深い。

東のオーガスタとは、全く違った表情のゴルフ場だ。

1946年に始まったビング・クロスビー・プロアマは、AT&Tプロアマと名前を変えて今に引き継がれている。

偉い政治家や、功成り名を遂げた経済界の重鎮や、フットボール選手とか野球選手といったスポーツ選手達や、俳優とか歌手といったエンタテイナーの皆さんが招かれ、プロと一緒にラウンドしている。ギャラリーと会話しながらプレーしている。この風景は、いつ見ても、ゴルフの愉しさを感ずる。解説をしているジョニー・ミラーも、この雰囲気を絶賛している。

尚、5番のパー3ホールは、近接した住宅の老婦人が苦情をたびたび言っていたので21世紀になる前にジャック・ニクラスが海辺の方に移した。

モンテレー半島の根元には、サリナスという町が在り、「スタインベック記念館」という看板が目に入る。「怒りの葡萄」、「エデンの東」の作家だ。私は「今年こそは」と思いながら、いまだ訪れたことがない。

パインハーストの八つのコース。#2の止まらないグリーン

今では2000年直前に造られた#8コースを入れて、八つのコースが在る全米でも屈指のゴルフリゾートである。

中でも有名なのは#2コースだ。

ノースカロライナの広大な松林を手に入れたジェームズ・ウォーカー・タフト氏は、1900年、ゴルファーからコース設計に移り始めたドナルド・ロス氏を連れて、今ではパインハーストと呼ばれる地にやって来た。

既存の9ホールコースを18ホールに改修して#1コースが出来たのだが、ロスが次に造ったコースが#2である。

このコースの1番ティーに立った時に、私は、何の感動も挑戦意欲も感じなかった。松林を切り開いたフェアウェイの向こう側に小さな平坦なグリーンが見える。途中には、砂地が所どころに見える。砂地とラフが横に並んで見える。まるで教会の椅子みたいだ。こんなことを想いながらスタートした私は、終わって見れば散々な結果に疲れがどっと出た。

枯れた松葉の上のボールを打つのは、大変だ。それは、かつて日本の静岡カントリー浜

数々のドラマを生んだパインハーストNo.2コース、15番ホール

岡コースで体験していたが、そんなのではない。

砂地やバンカーから打つグリーンまでの距離感が難しい。

そして、グリーンは、今はやりのポテトチップスではなく、小さな中華鍋を逆さにした形をしている。

「やれやれ」とグリーンに乗ったと思っても、手前に戻って来たり、向かう側に落ちてしまったりする。そこから賢明にパターを使って寄せても、中々、ボールは止まってくれない。

プロの中のプロしか、いいスコアが出せないコースと言われる由縁だ。

2004年の全米オープンに優勝したあのニッカーボッカー姿のペイン・スチュアートが「ボールが止まるグリーンの面積は、四畳半」と言ったとか、言いふらされる難しさだ。

この#2は、ペブルビーチとかオーガスタの華々しさの対極にある静かな佇まいのゴルフコースだ。
#6コースは、飛距離に自信がなくなった老人向けのコースである。トリッキーだが、短い。マネジメントは若者に負けないと思っている老人向けのコースだと言える。
#8コースは、2000年の直前に完成したコースで、雄大なコース。ここは思いっきり格闘出来るコースだ。

お話して来たように、パインハーストの八つのコースを味わうのには、一週間はかかる。ゴルフ好きには、一度は訪れてみたいリゾートだ。

ラキンタ――ロサンゼルスの奥座敷

パームスプリングスは、アリゾナのスコッツデールと並んで、古くからのロスのお金持ちの隠れ家的なリゾート地だった。

スコッツデールが、発展するフェニックスに飲み込まれたように、パームスプリングスも、お隣のパームデザートに吸収合併された。両方共、ゴルフリゾートとして有名で、私もたびたび訪れたことがある。

パームスプリングスまで、ロスから車で二時間。街に入るとレストラン街が在り、ボブ・ホープ通りなどの標識も目に入る。リタイアした人々が住むのに格好の場所だ。

（現在では、ラスベガスの方が人気があり、そこには巨大な老人社会が出来つつある。ゴルフ場も次々に出来ている）

ここには、古くから名前の知られたラキンタが在る。加えてＰＧＡウェスト、ニクラス・コース、グレッグ・ノーマン・コースなど名の知られたコースが在る。

この地で米国トヨタが１９８３年からスキンズゲームを始めた。優勝者には、ゲーリー・プレーヤー、ジャック・ニクラス、ファジー・ゼラー、リー・トレビノとそうそうたる顔ぶれが続く。私は、招待されて一回だけ、このプロアマに出たことがある。

女子テニスの開催地として有名なインディアンウェルズも近くにあり、乾いた砂漠気候は、老人が住むのに良い。

ハーバータウン――灯台が印象的

ピート・ダイ設計のハーバータウン・ゴルフリンクスは、アメリカの繁栄も終わろうとする１９６９年に開場となった。サウスカロライナ州南端のヒルトンヘッドアイランドの

毎年、PGAツアー「RBCヘリテージ」の舞台となるハーバータウン・ゴルフリンクス

ゴルフリゾートの中でも、赤と白に塗り分けられた灯台の姿で我々日本人にも知られている。

このコースは、ヨットハーバーを起点とする一見海辺のコースだが、出始めは、松の木の林間コースで、木々に悩まされる。それよりもなによりもバミューダグラスに悩まされる。

ボールが沈んでおり、なかなか、アイアンショットがうまくいかない。日本のOプロが、ブリヂストンにアイアンを色々造らせたという話を聞く。フェアウェイがジメジメしているのもうっとうしい。

17番に来て、ようやく前方に海が見える。そして18番のティーボックスに立つと、正面に灯台が見え、左側は海が続く。海とフェアウェイの間は、湿地帯で、ティーショットの落下地点付近だけフェアウェイが、湿地帯に飛び出して

Photo/Streeter Lecka/Getty Images

いて、プレーヤーを誘惑するが、確実に250ヤードを飛ばせない我々は右側に延びているフェアウェイの方に打って安全策を取る。そうすると全長が450ヤードもあるこの18番の第2打が長くなる。

勇気のある挑戦者はあの赤と白に塗られた灯台目指して打って行くように考え直す。成功すれば、大満足だが、湿地帯にボールを打ち込んだら大たたきになる。我々にはドラマチックな18番ホールだが、プロはスプーンかドライビングアイアンで手堅くパーを取りに行ける。プロと呼ばれる人達は本当にすごい。

ラウンド後、落ち着きを取り戻して小さなヨットハーバーを眺めると、世界各国の船籍のクルーザーが係留されているのを目にする。

マートルビーチ――冬場プレーしたい人々で賑わうゴルフ銀座

サウスカロライナ州の南端にヒルトンヘッドは在るが、同じ州のノースカロライナに近い北の方にはマートルビーチが在る。

ここには20を超すゴルフ場がかたまっており、冬場ゴルフの出来ないボストンやニューヨークやデトロイトのゴルフ好きがマートルビーチ目指してやって来て1週間ばかりゴルフ三昧する。

私も、一度、同僚と三人で訪れたことがある。

デトロイトからの飛行機の便を考えてシャーロットに飛び、レンタカーでマートルビーチまで3時間ばかりドライブした。

モーテルで泊まった翌朝からゴルフだ。ものすごい強行軍だった。

朝5時に起床、コーヒーとパンで朝食を済ませると、予約を入れておいた最初のゴルフ場へ走る。

そして午前中にラウンドを終えると次のゴルフ場にレンタカーで走る。

ホットドッグとビールを手に、夕方までラウンド。終了したら、寝泊まりしているモーテルに戻るのだが、途中で日本食のレストランを探し、和食を味わって9時、10時頃帰還、シャワーを浴びてベッドへ。

この日程で3日間を過ごした。毎日、どこかに日本食レストランを探して和食を愉しみ、その日のラウンドの反省をして酒を呑みかわすのが唯一の寛ぎの時間だった。

そして4日目、朝のゴルフ場に着いて、我々三人は、ラウンドを始めたのであるが、誰からともなく「ねぇ、止めない。止めて帰ろうよ」と言いだした。

体が疲れ切って、前に進む気力が失せてしまったのだ。

マートルビーチでは、大勢の日本人に出会った。大抵は男だけのグループだった。

④ コミュニティの集会所として

サンシティ――ゴルフカートが足の老人だけの街

アメリカでは、老人だけのコミュニティを作る動きが在る。

トヨタのアリゾナ・テストコースへ行く途中にサンシティと呼ばれる町がある。ここに住む条件は、50歳以上の老人に限るというもの。

個人住宅と病院とお迎えが来た時世話をしてくれる施設の三つが、要領良く作られている。

人口は何十万人と大きな町だ。

この街にはゴルフ場が付属しており、大抵の夫婦は、ゴルフカートを持っている。ゴルフバッグは、常時カートに積んである。

聞くところによると、午前に9ホールをプレー。帰宅して昼食と昼寝。そして午後に残りの9ホールを回り、ビールとおしゃべり。こんな毎日を過ごしているとのこと。アリゾナは、砂漠地帯。雨はほとんど降らず、空気は乾燥している。老人向きの天候が続く。

私は、かつて、もう一つのコミュニティに行ったことがある。そこは、あのオーガスタの近く。コミュニティの中の交通は、主要道路に沿って作られたカート道だった。

こちらは、割合、木々が植えられており、小さな流れもセッティングされた落ち着いた老人社会だった。

このコミュニティの在るジョージア州だと、冬場に、時として、霜が降りてゴルフの出来ない日がある。しかし四季があり、日本の気候に似ている。このコミュニティのそんなに遠くない所に、アトランタという古い大都市も在る。こちらの方が日本人の我々には合うセッティングだ。

コーラーシティ——見学者を呼ぶために

21世紀直前の頃だった。テレビで「ブラック・ウルフ・ラン」のスポット広告がたびたび流れた。狼のロゴもさることながら、挑戦的なコースということで、私の気を引いた。

そんな折、LPGAがこのコースでトーナメントを開いた。早速、小林浩美プロに聞いてみるとやはり、「結構難しい」という返事が返って来た。

「やっぱり、行かにゃなるまい」と、妻と二人でウィスコンシン州まで車を走らせた。

ここのオーナーは、水道の蛇口や、トイレや、バスタブ等の水回り品を商売にしている方で、自社内の敷地に製品展示館を開設したが、訪れる人の数も増えなかった。そこで彼は、ゴルフ場を併設してリゾート地風にしようと考えたらしい。

所在地のコーラーシティは、シカゴの街を通り超してさらに1時間ほど北に走った所に在る。手堅いゴルファーで名前の知られたスティーブン・ストリッカーが住んでいる辺りで、半年近くは寒くてゴルフが出来ない場所だ。

到着して、まずは、LPGAの大会が開催されたコースでラウンドした。パー3の一つは、正面の大木を避けるために、横の小川の上を通るドローを上手く打つ必要があるなど、結構、技術を要求されるコースだった。

夕食は、ミシガン湖が見えるというのでウェスリング・ストレイツ・コース（ひゅうひゅう風が吹く海峡コース）のクラブハウスに行った。この辺りの日没はゆっくり。夕食を食べながら見ていると、湖畔の砂丘（デューン）をゴルファーが歩いて登って来る。「えっ、この先がウェスリング・ストレイツのコースなの？」と、サーブする従業員に聞くと、「そうですよ。カートは使えません。担いで回るのです」と答える。

ミシガン湖から吹きつける風で出来た砂丘に造ったコースだと聞くと、鳥取砂丘を想い出す。私は、大抵のコースは歩いて回る主義だが、砂地のコースを担いで回るほど体力はない。

2日目は、もう一つの一番古いコースで回った。ここでは、年老いた男女がゆっくりラウンドしており、少し、もどかしく感じたが、和やかな雰囲気を愉しめた。

第3章 コース設計

① ニクラスの設計方針

「はじめに」の項で書いたが、ニクラスの設計方針をもう一度おさらいする。

ティーボックスに立って戦略を考える

大抵のゴルフコースの18ホールには、ティーボックスとグリーンの間に、ハザード（バンカーや池）を配置。また、右か左にドッグレッグさせたり、上ったり、下ったりする。従って、ハンディの少なくなったゴルファーは、ティーボックスに立って、どうやってグリーンに到達するかを考える。自分の力量に応じて考えなければならないが、ゴルフの楽しみの半分は、「考え、打って、思い通りに行くかどうかを実感する」ところにある。ドライバーの飛距離を追求するだけなら練習場へ行けば良い。

バンカーやハザードは見えるように

戦略を考えるのに、クロスバンカーは大きな留意点になる。従って、クロスバンカーは、ティーボックスから良く見えるように、傾斜させる配慮が必要である。入れる砂も出来るだけ白い方が良い。

ハザードの代表格の池が湿地帯で見えにくいことがある。

この場合は、フェアウェイにどれだけ喰い込んでいるか判るように目印を設定するのが望ましい。

大きなグリーンにしてピン位置で難易度を変えられる

昔の日本のゴルフ場では、コーライ芝のグリーンとベント芝のグリーンを併設していた。これは、グリーンのメインテナンス上、有効な手立てだが、トーナメントなどには適さない。

最近では、ワングリーンのコースが大半だが、日本ではベント芝の生育が遅い。従って、ベント芝の回復を図る方法としても、大きなグリーンが望ましい。

また、日本の古いゴルフ場では、小さな砲台グリーンが見られたが、ボールが斜面でハネられるケースではプレーヤーに過度の技量を要求する。プロのトーナメントには適さない。グリーン面が高くて見えないのも困る。

ポテトチップス状の大きなグリーンを白球がゆっくりゆっくり転がって行くのをテレビ

画面で見るのは、テレビ放映が始まって以来の楽しみだ。ニクラスのパッティングスタイルを、いつも固唾を呑んでじっと見ていたのを想い出す。

以上、三点からニクラスの設計方針について説明して来たが、一般的に言って設計に際して考えなければならない点は数々ある。以下に項目のみあげる。

・メインテナンス――水はけ、芝の生育（日照）、落葉、コットンフラワー（アメリカのコースで見られる綿花のような白い固まり）

・年配のプレーヤーへの配慮――トイレの数、ティーボックスの数

マスターズの開催されるオーガスタは、左ドッグレッグが多く、ドローヒッターに有利だと言われている。

また、美しいコースを目指した為か、ラフがない設計になっていた。周囲の高い松の木が風の読みを難しくしているとも言われる。

ニクラスの設計方針は設計方針として、実際のコース設計は、与えられた土地を前に色々考えると、これまた、ゴルフの楽しみの一つに思われる。

②歴史的に見ると

1920年代の遊園地風コース――クラブハウスから5、6ホールが見える

皆さんが行くゴルフ場のクラブハウスからいくつのホールが眺められますか？　恐らく、「全く見えない」か「二つ見える」という答えが大半だと想う。

私が行くゴルフコースの中で、多治見のスプリング・フィールドでは、五つ六つ食堂から見える。デトロイトでこの手の楽しい雰囲気のゴルフ場を体験したのを想い出す。聞いてみると、1920年代、デトロイトが急発展した時代に造られたとのことだった。私の好きなゴルフ場の設計だ。

スタジアムコース――トーナメントを見易くする工夫

日本のコースは、まず平地には造られていない。郊外の丘陵地か、山を切り開いた土地を利用する。従ってトーナメントを観戦する場合、比較的見易いが、アメリカのように平地に造られるコースでは前の人が邪魔になる。この解決策としてニクラスが唱えたのが、

観客席がグリーンを取り囲む、TPCスコッツデール・スタジアムコース16番、パー3

スタジアムコースだ。グリーンの周囲を天然のマウンドで囲むという発想である。

しかし、最近は、TPCのように、トーナメントの開催されるコースが限られてくると、スポンサースイートを併設した仮設スタンドが、大々的に作られるようになった。あえてスタジアムコースにする必要は、薄らいだ。

リンクスコース——英国のコースに影響を受けて

正直言って、私はイギリスで一回ラウンドしただけだ。従って、イギリスのコースに関する知識はほとんどない。加えて、テレビの画面で見るコースは、梢々と風の吹く寂しい荒地だ。どうしても、訪れてラウンドする気になれない。

なぜ、アメリカのゴルファーが聖地だと憧れるのか理解できない。ニクラスは、自分の本拠地にミュアフィールドという名前を借用している。

私は、フロリダのサイプレスというリンクスタイプのコースを回ったことがあるが、ドライバーをどこへ打ったらいいのか、どうしようもない体験をした。広場のようなフェアウェイだが、方向によってはポットバンカーに入るというようなコースは、私には何の興味もなかった。

芝とラフ

ＰＧＡツアーのトーナメントを見ていると、日本のゴルフ解説者は「ケンタッキーブルーグラス」を強調する。

日本で一般的なコーライ芝に較べて、良く成長し、腰が強い。バミューダ芝ほど軟らかくボールが沈みこむことはないが、なかなか手強い。私の腕では、せいぜい９番アイアンまでが使える。７番アイアンだと、まずうまく出せない。

コーライ芝はボールを押し上げるが、バミューダグラスではボールが沈む。大変打ちにくい。

その昔、あるプロが、沈んだボールを打ち易くするアイアンを、ブリヂストンに作らせた。

一方、オーガスタ・ナショナルでは、当初はラフがなかった。

最近、30ミリ強のラフを設定したと言われている。

アメリカのグリーン周りのラフは、良く刈り込まれているコースが多い。従って、大半のプレーヤーは、ためらわずパターを使う。

3 良いコースとは？ 私観

ボールが落ちて転がるのが見えるコース

古希を過ぎた私が、今、一番くやしい思いをしているのは、打ったボールが見えないことだ。メガネ屋に行くと、ちゃんと「1・2」まで見えるのに、ボールがどこへ行ったのか確認できない。

ドライバーショットがどこまで飛んだとか、グリーンにオンしてピンに寄っていくボールに歓喜した若い頃の自分が懐かしい。

年老いた今の身になると、このボールの転がりを見ることが出来るのが、ゴルフの一番の喜びだと、今さらの様に思える。

ひるがえってみると、この喜びが見えないコースが日本には多々在る。私の家の近くの有名コースでは、2打目を打つ時、キャディーが「この方向に打って下さい」と教えてくれる。

このコースは、農地を売った農家の皆さんがモッコを担いで造成したと聞いているが、大半のホールはグリーンを狙う段になると、グリーン面が見えない。これでは、ゴルフをする一番の喜びを味わうことが出来ない。

ラウンド後18ホールが描けるコース

かつて、一週間ばかり休暇を取って九州のあるコースへ行ったことがある。トーナメントで有名なコースであり、プレー代も安くないことから、大いに期待して行った。

初日、プレー中に、「あれっ、さっきのホールと似ているね」とか妻に話しかけることになったが、翌日のラウンドを終えて、「母さん、別のコースへ行かないか?」となった。

松林を切り開いたコースで、右ドッグレッグか左ドッグレッグか、似たようなホールが続く。松の木が多く、中には何千万円もする高価な木を自慢する話も聞いた。

でも、私は、三日目もそこでラウンドする気になれなかった。似たような体験は、ファイアストンの南コースでも味わった。

これとは逆に、私は十年間ペブルビーチに通ったが、今でもペブルビーチの18のホールを描くことが出来る。即ち、各ホールの特徴がはっきりしており、いつ行っても新しい興味が湧いてくる。どのホールも個性的であきることがない。

制服を着たようなホールの連続ではなく、「おっ、今度はここか」と思えるような個性的なホールが続くコースが良い。

自分の技量を考えて攻略ルートを選べるコース

アメリカ駐在から帰ってきて、妻と二人でどのゴルフ場のメンバーになろうか見て回った。

驚いたことに、あるコースの1番ティーに立った妻が、「何の緊張感も感じない」と言った。アメリカ生活が長かったせいか、日本のコースに挑戦意欲を感じなかったのであろう。逆に、大抵のゴルファーが「あそこは……」と躊躇するサン・ベルグラビアはニクラスらしい風格があると思う。ニクラスが力を入れて造ったと聞く。アメリカ人は、「コースにやられた」という言い方をするが、サンベルはそんなコースだ。

ティーボックスに立って、どうやって攻めるか、自分の技量に応じて考えさせるホール、様々なセッティングで挑んでくるホール、こういったホールの続くコースでプレーしたい。因みに、サン・ベルグラビアではパー3とパー5が比較的易しく、パー4が難しい。パー4の各ホールは個性的でピンポイントで攻めることを要求される。

理想のコース——仏ゴルフ・ナショナル

米国選抜と欧州選抜のマッチプレーであるライダーカップが2018年は、パリ近郊のル・ゴルフ・ナショナル（サン＝カンタン＝アン＝イブリーヌ）というコースで行われた。このコースをテレビで見て驚いた。ニクラスの言っているコース、私の理想とするコースだ。大半のグリーンは、ボールの転がるのまで見える。池とラフがせまっており、手にするクラブと打つ方向を考えて立たなければならない。少しのミス、あるいは、チャレンジし過ぎると池ポチャになったり、深いラフにつかまる。

グリーン周りはマウンドで囲まれ、いわゆるスタジアムコースになっている。

そして、1番ティーの周囲に建てられた仮設スタンドのばかでかさには息をのむ。これからのゴルフが、ショウビジネスの世界へ入って行くことを暗示させる。

私の知識にはなかったコース。機会を捉えて、ぜひとも行ってみたい。

ロサンゼルスの街中にある36ホール、ロサンゼルス・カントリークラブ

4 私がプレーした面白いコース

エレベーターの在るコース――ベルエア

ロサンゼルスの中心地に近いサンセット通りにベルエアCCが在る。ここは超高級のゴルフクラブ。駐車場には世界中の高級車が停まっている。

このゴルフ場で驚いたのは、アウトの9ホールを終わった時、「このエレベーターで10番ホールへ行って下さい」と言われたことだ。私の知る限り、ここ以外ではエレベーターのあるゴルフ場は聞いたことがない。

10番ホールは、かなりの打上げのパー3。右前方に大きなお屋敷が在る。アメリカ人のプレーヤーが言うには、「あのお屋敷のオーナーは、女優のシンディ・クロフォード。あそこに打ち込んでやろうと頑張るのだが、いつも失敗する」。

２００ヤード程のパー3だが、彼女の家までは実質３００ヤード近くあるのだろう。

土地価格の一番高い場所に在るコース――ロサンゼルスCC

ロサンゼルスのウィルシャー通りは、日本の銀座通りに当たる。毎年、ウィルシャーホテルではハリウッド映画の表彰式が開かれる。このウィルシャー通りに面してロサンゼルスＣＣが在る。ここのメンバーが言うのには、このゴルフ場の地価は、世界一だそうだ。

アメリカ一広いグリーン――インディアンウッド ＃18ホール

デトロイトの北のはずれにインディアンウッドが在り、ここでは毎年ＬＰＧＡのトーナメントが開催される。私がデトロイトに赴任したのは、１９９１年。この年に開催されたＬＰＧＡを見にインディアンウッドに出かけた。

「疲れたわ」と言ってよたよた歩く岡本綾子プロを応援しながら18番ホールに来て、広いグリーンに驚いた。彼女の第2打は、グリーンにオンしたもののカップまでは相当の距離。案の定3パット。聞くと全米一広いグリーンとのこと。このインディアンウッドに新しいコースが追加されたが、こちらの18番グリーンは、もっと広いと言う。

クラブハウス内にトム・ワトソンの丸太小屋——ファイアストン

ファイアストンは、オハイオ州の片田舎にモッコで造られたゴルフ場だ。毎年世界選手権が開催されるが、行って来いの退屈なホールが続く。

しかし、クラブハウスは立派だ。ショップも大きい。私は1990年代に二度ほどラウンドしたが、ショップの中に丸太小屋が在るのには驚いた。「トム・ワトソンのログハウス」と書かれた看板に目が行く。昔のツアープロは毎週転戦するのに苦労したことだろう。戦略的な北コースが出来た今では、この丸太小屋も撤去されたと思う。

5 私の好きなコース

スパニッシュベイ——モンテレー半島

日本がゴールデンウィークに入ると、日系企業の工場にもゴールデンタイムが訪れる。

トヨタとGMの合併会社の工場長をしているゲーリー・コンビス氏は、毎年5月1日にペブルビーチを予約していて工場幹部の慰労会をする。彼は、毎年私にも参加しないかと声を掛けてくれる。

そんななりゆきから、私は1991年にアメリカに赴任して以来2000年に帰国するまで10年間、5月1日にペブルビーチでラウンドすることが出来た。その前後に、せっかくだからと隣のスパニッシュベイでも欠かさずラウンドした。

スパニッシュベイはモンテレー湾に面した小ぶりのゴルフ場で、ラフは花が咲き乱れる女性的なコースである。

「お花畑に入らないで下さい。ワンペナルティーで続行して下さい」と言った意味の小さな看板が立っている。我々年配者には、力を入れなくて済む格好のゴルフコースと言える。

ラウンドを終わってレストラン横の屋外ベンチに座り、アルコールを手にして寛ぐ。そんな折に、バグパイプを吹きながらスコットランド衣装を身にまとった若い女性が目の前を横切り、また、戻ってくる。

モンテレー湾が西日の照り返しでキラキラ輝き、その中に二頭の鯨が潮を吹きながら現れると「なんと素晴らしい眺めじゃ。ビール、お代わり」となる。

私は、この時間帯、このセッティングが大好きだ。

10年間のうち、機度かは、若い女性グループが、好奇心一杯に我々のグループに近寄って来た。

あぁ、スパニッシュベイに乾杯!

ここを訪れるといつも心身共、若返る。

コンビスが女たらしという意味の「ウーマナイズ」という言葉を教えてくれた。私が「マンナイズ」という単語はないのかと言ったら、一同大笑いになった。

トルーン・ノース――アリゾナ州フェニックス

アリゾナのスコッツデールにあるTPCスコッツデールは春先に開催されるPGAトーナメントで70万人のギャラリーを集め、まるでゴルフというスポーツからかけ離れた様相を見せる。

私は、このTPCの隣に在るトルーン・ノースが気に入っている。

昔、オハイオ州立大の神童と言われたジャック・ニクラスの陰で、「恐怖のトム」と呼ばれた万年二位のトム・ワイズコフの設計したコースが、トルーン・ノースだ。

このコースの朝な夕なの美しさは他に類を見ない。

緑のフェアウェイが砂漠の上に、まるでワラジのように浮き上がって輝いている。実際にラウンドしても、フェアウェイはバージンそのもので、まず傷は見当たらない。地下を流れる豊富な水を毎日スプリンクラーでたっぷり散水するので、芝の成長が早く傷跡をすぐに修復してしまうという。

周辺のガレ場にはガラガラ蛇が巣づくっている。

「ラトルスネークに注意。ボールを取りに入らないで」の立て看板が、あちこちに立っている。

一度、フェアウェイからすぐの所に入ったボールを拾いにガレ場に入ったとたん、シュルシュルというガラガラ蛇の音がして、私は飛んでフェアウェイに戻った経験がある。ティーボックスの近くのサボテン（スグワロ）には数々のゴルフボールが打ち込まれている。

横に腕を出すのに七、八〇年かかるというサボテン。小さな花をつけると愛らしい。

夏場のラウンドは熱さがきつい。軽トラックに乗って回ってくるビバレッジ売りの女の子が砂漠のオアシスだ。

彼女達は、大半がアルバイトの女子大生。ノーブラでTシャツ一枚短パン姿の健康美がまぶしい。3ドル50セントのミニボトルに4ドル払う。彼女達のサンキューという声を聞くと、生き返る。

TPCスコッツデールは、多分に作られたという風情だが、一方のトルーン・ノースは「あるがままの佇まい」といった表情のコースだ。

両者ともトム・ワイズコフの作だというのもコース造りの奥深さを感じさせる。

第4章

技術的論考

①歴史的な流れ

日本人プレーヤー

私がゴルフを始めた1970年頃は、男子では尾崎将司が、女子では樋口久子が人気プレーヤーであった。

その後、国内男子プロのトーナメントは、AON時代と呼ばれる青木功、尾崎将司、中嶋常幸の活躍で、かつてない賑わいを見せた。

青木の前傾姿勢の深い、一見手打ちのような打ち方と、パターの先端が天を指すパッティングスタイル、尾崎の高いティーアップとパーマー張りのハイフィニッシュ、中嶋の400ヤード狙いドライブとツーアイアンの打球の美しさ。三者三様の特徴が今も生き生きと思い出される。

その後、青木はアメリカツアーに参戦、丸山茂樹が続いた。「丸ちゃんの寄せ」は、スクランブリング技の高度なアメリカツアーの中でも自慢出来るものだった。

一方の女子プロの世界はどうだったのだろう。

1970年代の後半から1980年代にかけて、米ツアーで活躍した青木功

樋口久子がアメリカツアーで大活躍していたことは語り伝えられている。私が1991年に渡米した頃は、アメリカツアーの岡本もほぼ最後の選手生活といった風情だった。

平瀬真由美と小林浩美が、岡本の後アメリカ国内を転戦していたが、女子プロの記憶として樋口、岡本ほどの強い印象はない。

現在の国内男子の衰退ぶりと国内女子の華やかさは、当時からは予想もつかない逆転劇だ。

アメリカ人プレーヤー

渡米して最初にプロトーナメントを観戦したのは、1972年のウェストチェスターだった。この頃のプロは、プレー中は、全くしゃべらず、静々とラウンドしていた。現在と様変りだった。また、トム・ワトソン、トム・カイト、ヘール・アーウィンといった連中の打ち球は、シュルシュルとすごい打球音をたてながら地面を這うように飛んで行き、グリーンの上でフアッと上がってストンと落ちる芸術的な弾道だった。

現在のように、どこへ舞い上がったか判らないような弾道ではなかった。テレビでは、アーニー・アーミーを従えたパーマーが、ベアと呼ばれるニクラスと頂上決戦をしているのが面白おかしく放映されていた。パーマーのフックを嫌う独特のハイフィニッシュも目についたが、ニクラスの打つ前のワッグルと独特のパットの打ち方はテレビ時代のワクワクドキドキ感を盛り上げた。

陽気なメキシカンのリー・トレビノは、30度も開いたスタンスで低いフェードを打っていたし、南アメリカから来た黒づくめのゲーリー・プレーヤーは打つと同時に歩き始めていた。

今のプレーヤーは、大半が拳を振り上げるガッツポーズを取る。しかし、ニクラスは、グリーン上を一周して喜びを表したので、同伴プレーヤーから嫌われていた。ベアフート（熊の足跡）が残ってパットに影響するという理由からだった。

そして、タイガーが現れた。

全米学生のマッチプレーをテレビで見た。絶体絶命のピンチを残り数ホールでひっくり返したタイガーの粘り強さに感銘を受けた。

アフリカ系アメリカ人とタイ人の間の子供だが、父親の「ネイティブの英語を使わず、標準語を使うように」という教育方針を守り、スタンフォード大を出たタイガー。後年プロアマの時、近くで見てタイガーにオーラを感じた。

オーバースウィングのフィル・ミケルソン、トップでSの字を描くジム・フューリック、両手でポーンと打つスティーブ・ストリッカーなどの変則プレーヤーが出て来たが、彼らの息の長い選手生命には一考の余地がある。

ジョニー・ミラーやボビー・クランペットの逆Cの字フィニッシュは、ギャラリーを唸らせたが、長続きしなかった。腰痛だ。岡本もその気があるスウィングでギャラリーを魅了したが、彼女も腰痛に苦しんだ。

結局、シンプルに、軽く打つプレーヤーが長生きするようだ。

今では、体重移動も影が薄くなり、背骨の回りをグルッと回る打ち方が強調されるようになった。腰痛気味の人には向く打ち方と思われる。

現在の個性あるプレーヤー

現在では、バッバ・ワトソンとかブライソン・デシャンボーのような変った打ち方をするプレーヤーが出て来て、アメリカのプロの多様性が面白い。

かつて、ニクラスが、フェードなりドローを打って球を曲げるとグリーンやフェアウェイの幅が二倍に使えると考えて、球を曲げることを唱え始めたのだが、バッバ・ワトソンが曲げる球はそれとは全く異質のものだ。彼が真っすぐ打った所を見たことがない。

デシャンボーは、考え方から異質だ。アイアンの長さを全部同一にして、腕とシャフトを一直線に構えて打つ。肩で打つことになるが、よっぽど肩が強いのだろう。

ダスティン・ジョンソンはロングヒッターだが、トップでの彼の左手首は、ニクラスがやってはいけないことにあげていた手のひら側にひどく曲がっている。オンプレーンを言い続けている日本のコーチの解説では、これを指摘するのを聞いたことがない。

ごく最近では、トニー・フィナウがロングヒッターとして脚光を浴びている。長身で手足の長いゴルファーの時代が来たのかと思わせる。

②技術論の要約

20世紀半ばのアメリカゴルフ界でバイロン・ネルソン、サム・スニード、ベン・ホーガンの三人は三巨人と呼ばれていた。私は、この三巨人のラウンド姿を実際にも、映像でも見たことがない。

しかし、ＰＧＡで82勝したサム・スニードのビデオは、数回見た。また、ベン・ホーガ

ンの書いた「Five Lessons of the Modern Fundamentals of Golf」（邦題モダン・ゴルフ）はたびたび読んで来た。

ラッタッターのサム・スニード

ビデオの中で、スニードは、フィンガーグリップ、ボール位置は左肩の前、バックスウィングはかかと体重等の点を教えているが、彼の強調点は、スウィングのリズムとテンポである。打つのではなく、フォワードプレスをして始動を滑らかに、そしてスムーズにスウィングしなさいと唱える。

フォワードプレスは、ニクラスも唱えているし、ミケルソンがショートパットで悩んだ時にはストリッカーがフォワードプレスを取り入れることを教えた。

スニードの流れるような打ち方は、南アフリカのアーニー・エルスに引き継がれ、彼は「ビッグ・アンド・イージー」と呼ばれ世界一美しいフォームともてはやされた。

ツアー通算82勝の記録を持つスーパースター、サム・スニードのスウィング

女子プロの岡本の「チャー・シュー・メン」のリズムは、目の前で何度も見たが、美しい振りだった。

トップで体重をかかとにするというのは、現在のコーチはあまり言わない。土踏まずと教えるのが大半だが、最近では母指球というコーチも出て来た。私もかかと体重で打ってみたが、打点が安定しスウィングが滑らかになった。足の強い人は、やってみると良い。

サム・スニードの特徴の一つは、パットの姿勢である。

彼は、カップに向って股を広げて立ち、その間から押し出すようにパットした。この方法は良く入るのと、スタイルに品がないことからＰＧＡが禁止した。

そこで、彼が工夫したのがサイドサドルという打ち方だ。カップに正対して立つスタンスは変えなかったが、パターを体の右側に構えて押し出すようにストロークした。

今では、逆グリップとか、カルカベッキアの考案したペンホルダーグリップとか長尺パターとか、色々の打ち方が見られるが、もはや、サイドサドルを引き継ぐPGAプロは居ない。

聖典を書いたベン・ホーガン

ベン・ホーガンの「Five Lessons of the Modern Fundamentals of Golf」という本は、長らくゴルフの聖典としてあがめられて来た。その五つの基本とは、次の五項目である。

一、グリップ
二、スタンスと姿勢
三、スウィングの前半部分
四、スウィングの後半部分
五、結論と反省

一、のグリップでは、ゴルフのパワーの源は、ボディーの動きであり、次に腕に、そして手のひらに伝えられる（私も、この基本が守られないで困っている。年齢と共に、体が回らない。手打ちになっていく）。このパワーを、効率良く伝えるグリップが重要である。

左手は、人差し指の第一関節と小指の上の手の平の丘に当てて握り、中指、薬指、小指の三本で握りなさいと、ホーガンは説く。

右手は、あくまでも指で握る（フィンガーグリップ）。

中指と薬指の二本で握りなさいと説く。

このグリップは、大半のゴルファーなら習い始めた頃聞かされて知っていることと思われる。ただ、彼の両手の握りは、古典的で台湾の陳清波に似ている。左手のVの字が右肩を指すのは現在の握り方に似ているが、右手のVは顎を指すようにと言っているのは古い時代を思わせる。特に、昔は良いとされた、蛇の首をつかむ形を推奨している。ベン・ホーガンがフックに悩み、彼の創ったアイアンの根元側を高くした理由も、この右手の握りから来ていると想われる。

二、のスタンスと姿勢では、スタンスの内側が肩幅に、スタンスの右足は飛球方向と直角に、左足は少し開いて（彼の場合は22度）構えることを勧めている。

尻をスツールに半掛けした姿勢で腕はやや前に構える。そして一番大事なことは、スウィング中いつでも両脚を出来るだけくっつけていることだ。アドレス時、右のひじは右の腰骨を、左のひじは左の腰骨を指すように、そして、ゴルフに使うのは腕も脚も中側の筋肉だということを忘れないでと説いている。従って、右腕は少しゆるめ、両脚の膝はやや内側を指すように構えるように。このようにベン・ホーガンの説く所は、年配の方なら想い出されることと思う。

ベン・ホーガンの書いたこの本のイラストが、実にうまい。写真を見るよりも、彼の言わんとする姿がうまく描けている。

三、のスウィングの前半部分の項に描いてある彼のスウィングを見ると、今でもテレビ画面に出てくるゲーリー・プレーヤーのスウィングの姿に極めて似ている。飛ばし屋だったデービス・ラブにも面影が似ている。ホーガンのトップでの左手首の曲げ（コック）の強さが凄い。

彼は、本の中では、バックスウィングが始まる前のワッグルについても詳しく説いている。もう少し細かく見ると、手が動いたらすぐに腕が動き、腕が動いたらすぐに肩が回る。このわずかな動きのシークエンスを自分のものにしなさいと強調している。

最近のジェイソン・デイを見ていると三つのパーツが同時に動いているように思われる。そして、三、の章の最後

史上最強と言われたベン・ホーガン、ミドルアイアンのショット

に、ベン・ホーガンは有名な仮想面を持ち出している。日本のプロコーチ達が強調する「オンプレーン」理論だ。

ボールと両肩を結ぶガラス面を想定して両腕と手は、このガラス面を破らないようにというものだ。だが、バッバ・ワトソンとかシン・ジエなどベン・ホーガンの理屈にはずれる強いゴルファーも居ることを指摘しておきたい。

三、の最後の部分で、ベン・ホーガンは毎日欠かさずハーフスウィングをするように勧めている。両脇を離さず腰の高さまで前後にクラブを振る練習だ。彼の本のイラストを見ると手首の折れ具合がすごい。

四、のスウィングの後半部分で彼が強調しているのは、尻の戻しから始めて、肩の戻し、腕の戻し、手の戻しと順に戻すと最大のパワーが得られるという点だ。

それよりも、ベン・ホーガンがここで強調しているのは、ボールを打ちに行く時のガラス面は、最初に想定した目標に平行な面よりも右に傾いているという点だ。右の肩が下がり、体の右部分がインサイドから降りて来て、インサイド・アウトの軌道になると言うのだ。そして、右側の尻と太ももが巻き戻されて、凄いパワーを放出すると説いている。腰から巻き戻し、上体、肩、腕、手と巻き戻すこの一連の動きが、強烈なパワーを引き出すと強調している。

また、彼は、尻を回転させると、腕と手がそのまま腰の高さに降りて来るが、そこからが重要で、左腰の回転で、この腕と手が引き戻されて爆発力を発揮するのだと強調している。

この動きの中で、右腕と手の動きは、野球の内野手がサイドスローなりアンダースローで一塁にスローイングする形になると説明している。しかし、バスケットボールのパスの形のように、左腕と手と、右腕と手が同じ強さでボールを送り出すのを忘れないように心掛けよとも強調している。

さらに、ベン・ホーガンは、独特の手首の使い方を教示している。彼は、ボールを打つ瞬間の左手首はやや下向きで、手首の上の筋肉が、ターゲットを指すようにと言っているのだ。彼の本のイラストを見ると、これが実にうまく描けている。ボールを打つ前にこの左手の手首の角度を戻してしまうと、安定した球筋が得られないと言っている。日本の赤星六郎が、同じ点を強調していたのを想い出す。

五、の結論と反省では、ベン・ホーガンは、彼のゴルフに対する姿勢を述べている。
即ち、
●いつも練習中に、あるいはラウンド中に気づいたことは、終わった後、メモしておく。
●ゴルフは、小さなこと、正しい動きの積み重ねで造られる。
そして、一～四、で強調した点のイラストを順に並べておさらいをしている。

この書は、アメリカのスポーツ誌に連載されたものをまとめたものだが、基本事項を的確に、実践的な語り口で書いている。イラストの明快さと相まって、ゴルファーのバイブルとしてベッドサイドに置いて、自分のプレーに疑問がわいたら、その都度もう一度眺めるのをお勧めする。

技術論を体系化したジャック・ニクラス

ニクラス以前にも、数々のゴルフ指南書が出ているが、ジャック・ニクラスの書いた「ゴルフマイウェイ」は、偉大なゴルファーが書いた体系的なゴルフ本である。私は、生まれ年も、背格好も、手のひらに至っては全く同じサイズだったこともあり、ニクラスに傾倒して行った。

ニクラスは、アーノルド・パーマーというゴルフ界のスーパースターを追い落とす悪役として登場したのであるが、パーマーの後継者として、アメリカのゴルフ界を引っぱって行った英雄である。

私は、彼の書いた「ゴルフマイウェイ」の書物もビデオも購入して、何回も何回も目を通した。彼がラウンドする姿を、実際にも目にした。

ニクラスのゴルフに対する考え方を次に示す。

彼のアドバイスは多岐に亘るので、ニクラスらしい点に絞って解説する。
●なぜ、フェードを打つか?――ターゲットの幅を二倍に使える。
●距離を得るのは捩じり
●私（ニクラス）の道具――パーシモンとマッスルバックアイアン
●グリップ――手が小さいのでインターロック
●セットアップ――狙い、ボール位置、アドレスの姿勢
●フルスウィング――ワッグルとチンバック、フライングエルボー
（これについては、誰もが推奨していない）
●テンポ＋リズム＝タイミング

●パット――自信と信念
●ジャックの師匠グラウトの教え――「頭を動かすな」

なぜ、フェードを打つか？――ターゲットの幅を二倍に使える

もし、真っすぐなボールをいつも打てるゴルファーなら、ボールを曲げる必要はないが、そんなゴルファーはまず居ない。

従って、フェアウェイなりグリーンなりに対して、中央より左側を狙ってフェードを打てば、ボールはフェアウェイかグリーンの中央に行くか、最悪、スライスが出ても、右端にはオンする。

つまり、右か左へ曲がる心配をする場合に較べて、ターゲットが倍になる。おまけに、フェードボールは逆回転がより強くかかっており、止まり易い（一時期、日本では、距離を稼ぐため、ドローボールを推奨するコーチが主流になったが、３００ヤード越えのドライバーを打つ時代には、フェードが重要になって来た）。

ニクラスは、どうやってフェードを打つか、簡単な打ち方も教えているが、彼の打つフェードを実際に見ると、ほとんど直球に見える。落ち際に右に曲り、ストンと止まる。

近代ゴルフは、このニクラスの発見で著しく発展したと言える。

距離を得るのは捩じり

ニクラスは、自分でもロングヒッターだと言っている。彼の人生唯一の師匠のジャック・グラウトは、「習い始めは、しゃかりきに振れ。精度は後からつけられる」と言っている。

「習い始めに精度にこだわると、ロングヒッターにはなれない」とも言っている。

捩じり＝遠心力＝クラブヘッド・スピード＝距離

だが、興味深いのは、ゴルフクラブのヘッドスピードは、手のひらが右腰の辺りまで降りて来るまでは加速して来るが、それ以降は増速は望めないと言っている点だ。ニクラスは、軽く打った時の方がいい感触を得て距離は落ちないと言っている。ベン・ホーガンの説くところと対比すると大変興味深い。

そして、ニクラスは、遠心力は、生木を引っ張って手を離した時のイメージだと言っている。

また、最大の遠心力を得るためには、頭を動かしてはいけない。ジャック・グラウトはニクラスが幼少の頃より、この点を教えた。この話はニクラス伝説の一つである。

私（ニクラス）の道具――パーシモンとマッスルバックアイアン

ニクラスのドライバーは、キング・オブ・ドライバーと言われたマグレガー社のM645である。かなりのディープヘッドで強打者を想わせる。パーシモン時代だったので、ヘッドの大きさは現在のスプーンの大きさぐらいしかない。彼は、フェアウェイウッドとしては、スプーンしか入れてなく、アイアンは、ドライビングアイアンからピッチングウェッジ、サンドウェッジの11本を入れていた。マグレガー社に造らせたジャック・ニクラス（ミュアフィールド）モデルを長い間使っている。全盛期にはVIPを使ったが、これは史上最強のアイアンと言われている。パターは引退間際を除いてこれまた伝説のジョージ・ロウを使っていた。

（我々が若い頃のロングヒッターは、ニクラスのまねをして、ウッドはドライバーとスプーンのみ入れて、イキがっていた。キザなプライドだ）

道具を選ぶ際の注意をニクラスは三つあげている。

①ドライバーは、フックフェースや開いて見えるものはさける。

②アイアンのライ角は地面に合うものを。

（当時は、アイアンのライ角を議論する風潮があった。ピンアイ2モデルは、何種

類ものライ角を用意していた）

③スライス気味のプレーヤーは、細めのグリップを使うと良い。

グリップ――インターロック

ニクラスの手のひらは小さい。奇しくも私の手のひらの大きさ、指の短さが、彼の手の型と一致する。

彼は、グリップに関して、ベン・ホーガンのように一つのグリップを推奨していない。基本さえ守れば、自分が最も心地良いと思う握り方で良いと言っている。

彼のグリップは、どちらかと言うと左手はパーム、右手はフィンガーというように分けてはいない。両手共、その中間の形で握っている。

そして、彼は、自分の小さい手のひらを克服するために編み出したインターロックを説明している。

最強のプレーヤーのニクラスがインターロックだったこともあり、その後のタイガーもインターロッキングを通している。

私も、ゴルフを習い始めて以降、ニクラスに傾倒して来た。当然のようにグリップは、インターロックを踏襲して来たが、最近の体力の衰えを手首のスナップでカバーするためオーソドックスな握り（オーバーラップ）に替えた。

ニクラスが、興味深いことを言っているので追加する。

「左手は薬指と小指に、右手は親指と人差し指に握る力を入れていたが、その後右手だけは中指と薬指で握るように変って来た」

彼は、「アマチュアの多くが、トップ・オブ・スウィングでグリップが崩れるのを目にするが、スウィング全体を通して同じ圧力で握るように」と注意を促している。

セットアップ——狙い、ボール位置、アドレスの姿勢

ニクラスは、スロープレーヤーで通っている。その彼がこんなことを言っている。

「狙った所にボールを打つには、50パーセントはメンタル面が、40パーセントはセットアップが、そして残りの10パーセントをスウィングが支配する。従って、私はセットアップに時間をかける」

松山英樹は、ニクラス以上のスロープレーヤーで注意を受ける程だが、スネデカーはショットもパットもあっと言う間に打つ。

余談になるかもしれないが、ニクラスは次のティーボックスに向かう際に、前のグリーンからポンプアップする（気合を入れる）ようにしていると言っている。

しかし、日本のゴルフ場のように、次のホールに向かう「軌道を走るカート」に乗る場合はいつでも「はやる気持ち」が失せてしまう。

それから、彼はこんなことも言っている。

「私は打つ前に、いつもホールの攻め方を思い描く」

また、彼は、大抵の場合、フェードでもドローでもクラブフェースを開き気味にして構えると言っているのは興味深い。そして、彼が見ていると大半のツアープロはそうしているとも付け足している。

また、立ち姿勢も目標に対して開き気味に構える点も強調している。野球でもテニスでもクローズドスタンスでプレーしている者を見たことがないとも言っている。

（著者は、ＬＰＧＡのプレーヤーを観察したことがある。大半のプロは5度ほど開いて構えていた）

どんな立ち姿勢でもスウィング・パスは肩の向きで決まる（リー・トレビノの足は左に30度も開いている）。これは重要なことである。

ボール位置は、ニクラスは常に左足かかとの前に置いている。ウェッジの場合のみオープンスタンスにするが、アイアンショットもドライバーショットの場合も、両足のつま先は立ち姿勢に揃える。そして右足は直角に、左足は30度開く。

ボール位置を左足かかとの前方に置くのは、彼の場合、クラブの最下点になりクラブフェースが目標方向に戻って来るからだと言っている。

また、アドレスの姿勢については、ニクラスは左手が特徴的である。

正面から見て左肩、グリップ、ボール位置が真っすぐである。このアドレスをするプロは少数派であるが、ニクラスは「しっかりしたショットを打つ基本である」と言っている。

フルスウィング、ワッグルとチンバック、フライングエルボー

古くからの格言「最初は真っすぐ後ろに数十センチ引け」は、自分にとっても当てはまるとニクラスは述懐している。

ニクラスは1967年から1970年の間ひどいスランプに陥ったが、その原因は「真っすぐ引く」を忘れて技に溺れたからだと反省している。

また、彼は、フルスウィングのトップの形にこだわり、最高点のクラブは目標方向を指すよう努力した。

ニクラスのプレーが遅いことは前にも書いたが、その一つの原因は彼のワッグルにある。

ニクラスは、ワッグルすると筋肉の緊張がなくなることと、フェードを打つイメージ、ドローを打つイメージを全身で体感できる点を強調している。

もう一つ、ニクラスが強調するのが、フォワードプレスだ。グリップ部を少し前方に押し出してスウィングを始めるか、ただ単にクラブを握っている力を強めてスウィングの起点にすることで、これは、パットにも応用できる。
ミケルソンが、ショートパットに悩んだ時、ストリッカーのアドバイスでよみがえった話は有名だが、そのアドバイスは「フォワードプレス」だった。
最後にニクラスは「私はワンピース男だ」と言ってワンピーススウィングの利点を四項目あげている。
①クラブを真っすぐ引くことが出来る。
②大きな弧を描くスウィングになり、より捩じれる。
③手打ちが防げる。
④ゆっくりスタートすれば、立派なスウィングテンポで打てる。
ニクラスは、細かくボディーの各部分についても自説を述べている。

“帝王” ニクラスのスウィング。チンバックなど、独特の動きも多く見られる

足、脚、尻、肩、腕、手首について細く書いているが、ここでは省略する。

彼は、独特のチンバックとフライングエルボーでとやかく言われているが、フライングエルボーに関連して次のような言い訳をしている。

「フルスウィングの際、右腕を抱き込んではいけない」

「トップで左手首を手のひら側に倒してはいけない」

ダスティン・ジョンソンは、トップで左手首を手のひら側に倒しているが、気になるところだ。

「かつて、パーマーとトレビノが、このタイプだったが、彼らは左手首が強かったから出来たこと」とニクラスは説明している。

日本では「出前持ちは、古いタイプ」と言われているが、やっぱりダスティン・ジョンソンの左手首の折れは気になる。

ニクラスは、また、「右手は、ボウリングの球を投げるように下手投げで」と言っていることを付け加える。

テンポ＋リズム＝タイミング

ニクラスは冒頭で、テンポ、リズム、タイミングの三つの定義を書いているが、流れるように、よどみなくスウィングすることを理想としている。

クラブを必要以上に強く握ると、ぎくしゃくしたスウィングになる。また、バックスウィングを中途半端にするのも良くないとも付け加えている。

パット――自信と信念

ニクラスが全ての面でスロープレーヤーであることは周知の事実であるが、彼のパッティングスタイルとストロークするまでの間は、ゴルフがテレビで放映されるようになった現代では言いようのないワクワクするショーである。

パーマーのような攻撃型プレーヤーは、パットでも攻撃型である。カップの向こう側にドカンとぶつけるパットをする。

それに反して、ニクラスのパットは、カップにようやく到達する「やっとのパット」である。彼は、「パーマーのように打つと返しの3フィートのパットも年寄りの私には15フイートのパットに見えて疲れる」と言っている。

パットには形がないと言われるが、その通りであろう。

パットの名手のリー・トレビノもビリー・キャスパーもボブ・チャールズも三者三様である。

そして、ニクラスは、インスピレーションと自信、そして「タッチ」が重要であると強調している。

頭は、動かすなら上げるのではなく首まわりに回した方が良い。

また、ボールの真上に目を持ってくるのは、良くない。少し前にずれるとボールは左に、少し後ろにずれるとボールは右に行き勝ちになると興味深いことを言っている。

従って、目の真下にはパターブレードの付け根を持ってくるくらいをニクラスは推奨している。

ジャックの師匠グラウトの教え──「頭を動かすな」

ニクラスの師匠グラウトは、ニクラスにスウィング中、頭を動かさないことを彼の幼い頃より教えて来た。

少年の髪の毛を掴む、ドライバーのグリップ部を頭に当てる、ということをやって来た。

左右に動かすことも、上下に動かすことも、してはならないと厳しく訓練して来た。

皆さんご存知のように、タイガーの頭の沈み込みは大きいし、鈴木愛の後方への動きも大きい。

日本のプロコーチは、タイガーも鈴木も一流選手だから、それなりに弁解した解説をしている。

しかし、ニクラスは、あんなに激しい動きをするアーノルド・パーマーも頭を動かさなかったと言っている。

3 崩れた神話

立ち姿勢、かかと体重、ボール位置

私がゴルフを始めたのは、半世紀前になる。

その頃、教えられたり、学んだことを羅列すると次のようになる。
①スツールに半分腰掛けた姿勢に。グリップ位置は、拳が一つ、最大でも二つ入るぐらい体の前に。

②バックスウィングで体重は右足かかとに。土踏まずなら、良しとする。
③ボール位置は、左足かかとの前方に。
現在のPGAプレーヤーを見ると、これらの教えを守っているプロは少ない。また、日本のプロコーチも、こんなことは言っていない。彼らを弁護すれば、道具の進化や、ゴルフ場の進化でゴルフ理論も次々に変って来たのだろう。つい最近では、アイアンのシャフトの長さを全部同じにしたデシャンボーのような「考えるプロ」も出て来た。

きっとプロコーチ達もどう解説するのか困っていることだろう。

ここで、私が教わった頃の「説」と現在の日本のプロコーチ達が唱える「説」の違いを述べる。

まず、①の立ち姿勢と③のかかと体重について古い画像を見ると、パーマーもニクラスも教科書的なポスチャーだが、例外的なコーリー・ペイビンを想い出す。現在のPGAプレーヤーは、前傾姿勢が深くなっている。30度を越えて45度近いプレーヤーも現れている。そのせいもあるのだろう、かかと体重から土踏まずないしはつま先体重になって来ている。

コーチ達も母指球に体重を掛けるようにと説く。
③のボール位置についても、現在のコーチ達の説くのは、ミドルアイアンでは体の中央

の前に、ショートアイアンでは、右足かかと前に置くようにと変わって来ている。

ついて最近まで、体重移動とオンプレーンを強調するプロコーチや解説者が大勢を占めていた。

体重移動、オンプレーン(?)

ベン・ホーガンの書いた本のイラストを見ると、彼は体重移動スウィングに見える。ニクラスの場合は、超アップライトスウィングで、半分その場でクルッと回るタイプに見える。しかし、彼の左足かかとは、バックスウィングで上がり、ダウンスウィングが始まると、つま先を支点にしてかかとは飛球線方向に対して直角になる。この分、体重移動しているこことになるが、ニクラスは、つま先とかかとの何処へ体重を乗せるかで、球筋を打ち分ける解説をしている。

私は、「オンプレーン」理論が、はるか昔のベン・ホーガンの本に詳しく書かれているのを、今回発見して驚いた。さらに驚いたことに、ベン・ホーガンは、ダウンスウィングの場合、このプレーンが少し右を向くと言っているのだが、日本のプロコーチ達はこの点には触れていない。

アメリカのコースの練習場で、私は白い円形のパイプが置いてあるのを見た。この中に立ってクラブを振ると、バックスウィングではパイプに当り、フォロースルーではパイプから離れてしまう自分のスウィングを体験した。

ザック・ジョンソンやローリー・マキロイのようにフォロースルーを左にきつく振るのが、今想うと、正しいオンプレーンかもしれない。

前にも書いたが、PGAプレーヤーの中には、オンプレーンどころかS字ないしは8の字スウィングをする有名プロも居る。

ごく最近の日本プロの間でも「昔は、右手は禁じ手。左手主体の体重移動で打っていたが、歳とった今では右手のスナップを主体に、その場でクルッと回って打っている」と言う年配プロが増えつつある。

パットの立ち位置——目はボールの真上（？）

これ程、アマチュアの我々を、また、プロのプレーヤーをも煩わせて来た、騙して来た格言はない。私は、一緒にラウンドしたパートナーの皆さんから「パットがうまいですね」とほめられ、自分でもそう思っているのだが、この格言を多くの人が信じているのに疑問を感じていた。

今回、読み直したニクラスの「ゴルフマイウェイ」の中で彼がこの神話の誤りを指摘し

体の右にボールを置き、カップに正体して打つ、スニードのサイドサドル式パット

ているのを見つけて安堵した。

パットについては、一家言持っているので次に、皆さんの参考になるように持論を披露する。

パッティング程、各人各様と言われて来たものはない。

歴史的に見れば、最多勝を挙げたサム・スニードはサイドサドルという一風変わった打ち方をしていたし、日本では、大またで左足に全体重を乗せ、体でストロークする打ち方が一世を風靡していた。また、青木プロはあの独特の打ち方をして来た。

ニクラスが来日して、NHKが特集を組んだことがある。

舞台で打ったアイアンショットの再現性の高さに驚いた日本のゴルフファンは多かったが、その時、ニクラスは、パッティンググリップを模索していたとみえ、日本のプロにどんな握り方をしているか聞いて回ったが、答えとして普通のグリップしか出て来なかったのを覚えている。

現在のようなクロスハンドグリップとか、カルカベッキアのやり始めたペンホルダーグリップは出て来なかった。

昔、私がゴルフを習い始めた頃の日本では高麗芝のグリーンが大半で、歩測をしてパチンと強く打つのが一般的だった。50センチ以内に入るとOKを貰えた（高麗芝は、この短いパットが一番のくせものだが)。

後ほど、聞いた話だが、「あるプロは下りの場合は、芯をはずして打つ。また、スピンをかけて打つプロも居る」とも、まことしやかに伝わって来た。

いかにも日本らしい話である。ある時、女子プロの木村敏美と話していたら、彼女は、「上から打ち込むように打っている」と言った。

その次に、パットに関して言われ始めたのは、「カップに入る音を聞くまでカップの方を見るな」だった。パットの名手と言われたベン・クレンショーは、ゴルフボールのブランド名を右下に少し見えるようにセットしてその印字を見ながらストロークしたと秘伝を明かしている。

色々パットについて記憶にある経緯を書き並べたが、私が現在のＰＧＡの大半のプロのパッティングの技術を見て気が付いた点を次に箇条書にする。

①ポテトチップス形状のグリーンが多くなった最近のコースでは、歩測は無意味。どういう風にボールが転がるかイメージする。

②スタンスは出来るだけ狭く。大股に構えると、短いパットは打てない（アプローチする時に両足を揃えるのと同じ）。また、左右の足裏から伝わる地面の傾斜の情報が同一に

なる。

③デシャンボーは特異な構えをしている。アイアンもパターも、肩から吊るして肩でスウィングしている。カップの方から見ると、大半のプロはひじからパターシャフト・パターヘッドを一直線になるように構えている。石川遼の場合は、中途半端に折れている。

④打つ方向とスピードを決めたら、その方向に真っすぐ素早く打っている（時間が経過する程自分でプレッシャーを高める）。カップの方向を意識しない。

⑤その昔、「カップに届かなければ、入らない」と言われ、「カップの向こう側の壁にガツンと当てるように打て」と励まされたが、この打ち方では現在のポテトチップス形状のグリーンでは、３パットの危険が大きくなる。ＰＧＡのプロを見ていると、長いパットはジャストタッチを心掛けているプレーヤーが多くなった。グリーン上でのマネジメントと言える。

⑥ボールと自分の立ち位置の距離は常に一定になるように努めている（ホールを重ねるにつれて、人は覆いかぶさる傾向になる）。これを忘れると「一筋違ったパット」になる。

アメリカで頑張っている松山プロのワイドスタンスが気になるが、最近では彼のスタンスもやや狭まって来た。一緒に回るＰＧＡプレーヤーを見て修正しつつあると思った。

構えたら躊躇なく打てるようになると、テレビカメラマンに嫌われることもなくなるだろう。

第5章 道具の進化と弾道の変化

①ドライバー

パーシモン（柿の木）ヘッド＋スチールシャフト

私が1991年に渡米する頃までは、ドライバーと言えば、パーシモンのヘッドにスチールシャフトを挿したものだった。

私の家には、現在、20本ほどのパーシモンドライバーがあり、たびたび、妻から「処分して下さいよ」と小言を言われる。

マグレガー社のトミー・アーマーが有名で、945はニクラス（ベア）が愛用したことで広く知られている。693はキング・オブ・ドライバーと呼ばれ、グレッグ・ノーマン（シャーク）が愛用していた。彼らの好んだドライバーの形が、二人の体型を想い出される点、興味深い。

当時のドライバーは現在のスプーンの体格に似ていて、重さは380gほどある。

上からヘッドを眺めると、洋梨形をしており、美しい塗りの下に木目が透けて見える。ヘッドの先端から年輪が広がっているのが、上等なヘッドだ。

打球面には樹脂製の板がビスで止められており、マグレガー社の一時代は人形の姿に色分けして人気だった。ボールに合わせ易いというたい文句だった。

ヘッドの底面には、バタフライの形をした鉄板かアルミ板が張られているのが普通で、ヘッドの後部に鉛を埋め込んだものもある。

これを書いている今週、ヒルトンヘッドに在るハーバータウン・ゴルフリンクスでRBCヘリテージのトーナメントが開催されており、そのスタートのセレモニーでダスティン・ジョンソンがパーシモンドライバーを使って始球式をやった。

横に並べられた大砲も、同時に火を吹くといういかにもアメリカらしいセレモニーだった。彼のこの時のドライバーの飛距離は270ヤードとのこと、D・Jの平均飛距離は320ヤードだから、昔は50ヤードも飛ばない道具を使っていたことになる。

現在は、460CCのヘッド＋45インチのカーボンシャフト

現在、誰もが使っているドライバーが現れた時には、衝撃を受けた。軽くて、良く飛ぶ。まるでウチワを振っている感覚だった。

1990年頃の次の報道にも衝撃を受けた。

ジャック・ニクラスがジャンボ尾崎のドライバーに興味を示し、自分のお宝である94

5とジャンボのJ'sを交換したとの報道だ。J'sに使われているハーモテックシャフトがしばらくの間、「良く飛ぶ」と話題を集めた。

もう一つは、私がJ・ハースの主催するソーンブレード・クラシックのプロアマに出た時だ。

前の日、2番アイアン（ミュアフィールド）の練習を終わった時、テーラーメイドのバブルシャフト付きのドライバーを打ってみろと言われて試したところ、驚くばかり振り易く飛んだことだ。

フェースの反発係数を規制

その昔、ジャック・ニクラスが『飛びすぎ』を問題視して飛ばないボールを使用する『ケイマンゴルフ』を提唱したが、賛同が得られずにこの話は自然消滅した。

ドライバーの醍醐味は、飛ばすことにあるというゴルファー諸兄が多い。この流れに乗って各メーカーは、毎年毎年新商品を出して、飛びを訴える。

飛ぶドライバーを作るには、色々な手法があるが、一番寄与するのはフェースの反発性能だ。

現在、規制されているのは、フェースの反発係数、ヘッド体積（460CC）と長さである。しかし、最近のシニアの中には、「飛べば良い」との主義で、規制外のドライバーを使う者が出て来た。

②アイアン

昔のドライバーは柿の木から削り出すため、一個一個形状が異なっていた。アイアンも軟鉄鍛造品を削って形を作っていたので同じ形の物はなかった。

従って、昔のプロは、使い慣れた道具を手放さなかった。私は、プロが打つ前にボールにアドレスした時のアイアンのすり減り具合をテレビのアップで見るのが、大好きだった。ボールがアイアンのブレードのどこに当たっているのか見て、プレーヤー毎に微妙に異なることに喜びを見い出していた。

現在は、マッスルバックのアイアンこそ鍛造で作るが、大抵のドライバーもアイアンも鋳造品か型成形品のため、同じセットがいくらでも作れる。

そのためか、プロの道具は大抵新品だ。

昔のアイアンは、例えば、ベン・ホーガンの頭のシルエットを描いたもの（ブレード・オン・ブレード）とか、グレッグ・ノーマンのボールに小鳥がとまっている（バード・オン・ボール）絵の付いたものとか、特徴のあるものがあった。キャビティアイアンの増えた今では、心なごむデザインのアイアンは見られなくなった。

5番で27度のロフトが今では7番で27度に

伝統的なマッスルバックのアイアンの標準仕様は、５番アイアインでロフトが27度、重さは４３０グラム強だった。ダイナミックゴールド（ＤＧ）のシャフトが最も多く使われていたが、だんだん軽量シャフトを装着するメーカーが出て来た。

今ではキャビティアイアンが主流になっているが、５番アイアンのロフトも２度立てて25度近辺が主流になって来たし、ゼクシオのように２番手分立てて、つまり７番アイアンで27度にしている銘柄も現れるようになった。今では、アイアンの標準が、７番アイアンのロフトで27度になりつつあるという時代になって来たと言える。

一緒にラウンドしていると、パー３ホールで「何番で打った？」という会話を耳にするが、クラブメーカー毎にロフトが異なる現在では、無意味な質問である。

因みにジャック・ニクラスが自分の飛距離を書いているので転記する（彼の秀作『ゴル

フマイウェイ』から）。日本の女子プロのロングヒッター相当の飛距離なので驚く人が多いと思う。今のＰＧＡのプレーヤーであれば、５番アイアンで２００ヤード以上の飛距離である。逆に、現在のプロでは1番アイアンとか2番アイアンを使っているプレーヤーは、まず居ないし、ショートアイアンは、フルショットしないというのがニクラスの主義というが、その結果がこの表ににじみ出ている。２０１８年のＡＴ＆Ｔのペブルビーチで、ミケルソンも8番アイアンや9番アイアンのハーフショットをしていた。

ジャック・ニクラスの飛距離

ドライバー	２５０ヤード以上
＃１アイアン	２１５〜２３５ヤード
＃２アイアン	２０５〜２２０ヤード
＃３アイアン	１９５〜２１０ヤード
＃４アイアン	１８５〜２００ヤード
＃５アイアン	１７０〜１８５ヤード
＃６アイアン	１５５〜１７０ヤード
＃７アイアン	１４０〜１５５ヤード

#8アイアン　130〜145ヤード
#9アイアン　105〜135ヤード
ピッチングウェッジ　80〜130ヤード
サンドウェッジ　100ヤード以下

ロングアイアンはユーティリティに

トラディションの13番ホールのパー3は、レギュラーティーで202ヤードの距離である。私もリタイア直後は、2番アイアンで打っていたが、現在では、アイアンで打つ人をまず見ない。大半がユーティリティ（ハイブリッドとも言う）クラブを使っている。ユーティリティクラブの発明で、ロングアイアンを使うプレーヤーが居なくなった。プロでも易しいクラブを使う時代になったのだ。我々の若い頃は、ニクラスのように、ドライバーとスプーンのみパーシモンで、残りはアイアンにするという美意識が、ロングヒッターの見栄だった。

サンドウェッジの角溝は禁止に

昔は、ドライバーもアイアンもフェース（打面）に3ミリ前後の間隔で横溝があった。

ドライバーの打面からは横溝が消えたが、アイアンには依然として13本内外の横溝が残っている。この溝の役割は、ボールにスピンを与えるのに大切な機能をはたしている。

ある時、ピンアイ2モデルに掘られた角溝（溝が直角に掘られていた）が問題になり、議論の末に禁止された。誰でもスピンをかけられるようでは、プロの技がアピール出来ないというのが理由だった。

この問題の後日談として、「かつて売られた角溝アイアンは使用しても良い」という判例が出たために、フィル・ミケルソンはじめ多くのＰＧＡプレーヤーがピンアイ2のサンドウェッジを探し求めた。一説では１００万円の値が付いたそうだ。私は、新品のベリリウムカッパー製のアイ2を持っていたが、売り時を失した。

③ パター

アンカリングを規制

アーノルド・パーマーのウイルソン８８０２とジャック・ニクラスが使っていたジョージ・ロウが有名だった。二つとも、Ｌ字パターだ。

パターを苦手としたＧＥ社のエンジニアのカーステン・ソルハイム氏がピンパターを考案した。今ではこのパターがスタンダードだと言える。余談だがソルハイム氏がピンパターを製作し始めたのはスコッツデールで、当時、ブロンズの配合が悪くすぐに黒ずんでしまった。

会社の所在地がフェニックスに移る頃に、材料は改良され錆に強くなった。ところが、スコッツデール時代の黒ずむ材料のパターの方が柔らかい打感なのでこちらのパターを探し求めるプロが今も居る。現在でも、10万円を超す値段のものもあるという。

ヘッドの形状や材料が色々工夫されてゴルフショップに行くと選ぶのに困るほどの種類が出ているが、シャフトの長さは33インチから35インチが普通である。

ところが、世紀が変わる頃から、ＰＧＡのプロの中には、長尺のシャフトを使う者が現れた。理屈から言えば、長尺パターは有利で、シニアプレーヤーに愛好者が多い。この長尺パターについても議論が起こり、結局アンカーする手を胸に固定しなければ許されることになった（伝説的な話だが、サム・スニードの打ち方は独特で、体自体はカップの方を向いていた。サイドサドルと呼ばれた）。

ロフトは3度〜5度

パターには、3度〜5度のロフトが付けられている。これは、ボールを打った瞬間、ボールが浮き上がり、それから順回転でカップに向かって転がるように考えられた結果である。「ボールの転がりが良い」という言葉が、うまいパターを誉めるのに使われる。これをさる有名大学の先生が勘違いして、負のロフトを付けたパターを作った。球突きの押し球を連想して作ったのだが、このパターは良い転がりをしなかった。球突きの場合は台が硬いが、ゴルフの場合は、地面（芝）が軟らかいため凹む。喰い込む。先生はこの違いに気付かれなかったのだろう。

なお、その昔は、アイアン、ウェッジ、パター等、ウイルソン社が良い製品を出していたが、ウイルソンの名は市場から消えつつある（PGAプレーヤーでは、ウッドランドが今もウイルソンを使っているが）。現在では、ウイルソンの製品を真似たウェッジやパターを個人が出しているのを目にする。

また、パターのグリップもガンタイプの他に、K・J・チョイプロが考案したずん胴タイプが増えつつある。尚、日本では「距離感が良い」も誉め言葉だが、アメリカでは同じ意味で「グッドスピード」と言う。

④ボール

ボールほど進化した製品はない。今のＰＧＡプロのドライバーショットの飛距離は３０0ヤードを超す。今昔の差は30～50ヤードになる。それほど、ボールの進化は著しい。

バラタボールから3ピース、4ピースボールに

私がゴルフを始めた半世紀も前には、日本もイギリス由来のスモールボールを使っていた。初めて現在のラージボールを打った時は、飛ばない分、力が入ったのを覚えている。当時は、飛ぶことよりも、打った時に手に伝わる感触の方が話題になり、また、プロ好みの弾道を得るため、スピンの良くかかるボールが好まれた。従って芯のまわりに糸を巻いた糸巻きボール（バラタボール）が中心だった。表皮はサーリンが使われ始めると傷が付きにくくなった。

ボール表面には、飛ぶようにするためにディンプル（凹み）を付けるが、発想を変えてスモールボールに六角形の尾根を付けたボールも出て来た。ブルーマックスと呼ばれ、ア

マチュアの間で人気商品となった。

現在のボールは、3ピースや4ピースボールが主役になっている。耐久性が増して、ボワーンと飛ぶスピンの少ない仕様が主流になって来た。

弾道が山型に

私は一回目の駐在を1971年に始めた。そしてPGAのトーナメントがニューヨーク郊外のウェストチェスターに来た時、生れたての長女を抱っこして見に出かけた。

その時のPGAのプレーヤーが、紳士然として静々とラウンドしていたのを想い出す。打球のシュルシュルという音のすごさと、パー3のアイアンショットの打球が低空飛行の末に浮き上がり、失速して着地する美しさを目の当たりにした。

そんな時代に、弾道に拘ったのがジャック・ニクラスだった。彼のドライバーショットは現在のボールの弾道に近づいており、大砲の球（キャノンボール）と呼ばれていた。

難しくなったスピンコントロール

アイアンショットの弾道について「低空で飛んで行き、グリーンに達するや吹き上がり、そしてストンと落ちる球」が、長い間主流だった。

この弾道を得るために、ボールは糸巻きが好まれたが、加えて、上級者やプロはボールを打ち込む技をみがいた。

この打ち込みをダウンブローと呼び、台湾の淡水ゴルフ場のプロ、陳清波が伝導師だった。

現在でも、プロの打った球がスピンバックすると、観客は「おーっ」と一様に感嘆する。しかし、スピンバックが必ずしも良いことではないと思った男がかつて居た。１９８０年代だと思うが、カーティス・ストレンジというプロが賞金王になった。

その彼が考えたのは、大半のグリーンは奥から手前に傾斜しており、（ここから『手前から攻めろ』という言葉が広く言われるようになった）ピンが奥に切られている場合は、スピンバックするとぴたりと寄せることが出来ない。むしろ前に転がった方が、カップに近づくと考えた。

そして、スピンのかからない打ち方に執着した。

そのためかどうか、カーティス・ストレンジの名は、以降、消えていった。現在のように、ポテトチップスのようなグリーンが増えてくると、彼の考えたことは必要なくなったとも言える。

左右のスピンについて考えついたのが、ジャック・ニクラスだ。右に曲がる球（フェード）と左に曲がる球（ドロー）が打てれば、グリーンの幅を全幅有効活用出来ると考えた。簡単に説明する。幅10メートルのグリーンを想定して下さい。右か左に曲がることをコントロール出来ないと幅5メートルしかゆとりがない。真中を狙うしかない。しかし、右だけに曲がる球を打てれば、グリーンの左端から右端まで10メートルの巾が使える。

ニクラスの出現によって曲げる球で攻める近代ゴルフが確立したと言える。彼は、フェードボールとドローボールの簡単な打ち方も紹介しているが、ここでは省略する。

最近のプレーヤー諸氏は、ボールに線を入れて使うようになった。パターの方向出しのためである。その昔、ピンが二色に塗り分けたボールを売り出したが、長続きしなかった。

第6章 プロアマ大会に出場

①
PGAビュイックオープン――タイガー・ウッズがホストプロ

GMの副社長カウガー氏が熱心に取り仕切っていた。ミシガン州フリントのワーウィックヒル・ゴルフ&カントリークラブが舞台で、GM関連サプライヤーの偉い人達が集まっていた。私は、当時世界一の自動車部品サプライヤーであったデルファイのドン・ランクル副会長のお声がかりでこれに二回ほど参加した。

アメリカのプロアマには、本戦と同じで、ギャラリーが大勢集まる。

特に、タイガーがホストだから、ここに招待されたアマの偉い人達も興奮気味になる。私の妻も、他のプロアマでは私のプレーに従って写真を撮っては歩くのだが、ビュイックオープンではタイガーに付いて歩いて行ってしまった。彼女が撮った写真を今見ると、タイガーにブッチ・ハーモンが付ききりだ。

タイガーがフェアウェイを歩く姿は、とび抜けてきれいだ。ティーで攻め方を考えている姿は、オーラを感ずる。

それにも増して感心した出来事を目の当たりにしたことがある。

ビュイックと契約し、ビュイック主催の大会のホストを務めていたタイガー

一九九八年のビュイックオープンのプロアマ当日は、朝からバケツをひっくり返したような豪雨に見舞われた。集ったエクゼクティブ達も「残念ながら今日は……」とキャンセルを覚悟しはじめた時、タイガーが一番ティーに向かって雨の中を進んで行ったのだ。

絶頂期のタイガーのプロ意識を見て私は感動した。

これを書いている最中に、広島の「鉄人」衣笠祥雄が亡くなったニュースとデッドボールを喰い鎖骨を折っても試合に出場したという涙の物語を放映していた。

「親指の調子に違和感があり」試合に出ないという軟弱なプロが現れたが、タイガーの爪のアカでも煎じて飲んで欲しい。軟弱なプロを育てた日本の過保護を再考して欲しい。

② LPGAオーウェンス・コーニング――小林浩美とラウンド

ミシガン州とオハイオ州の州境に在るハイランド・メドウズで毎年、オーウェンス・コーニングのトーナメントが開かれる。初めて１９９６年に招待された時は、男まさりのアリソン・フィニーという女子プロとまわった。

その時に、ＬＰＧＡで戦っている日本選手としては、小林浩美と平瀬真由美が居ること
を知った。
米国トヨタ（ＴＭＳ）の会長をしていた東郷さんが、たびたび、岡本綾子の話をしてく
れた。「ロサンゼルスに来る時は、焼肉を食べに行った」とか、「トーナメントの最終日前
には、よく電話をかけて来た」とかいった具合に、東郷さんは岡本を可愛がっておられた
思い入れを話してくれた。
小林さんとの出会いは、今、思い出せない。しかし、１９９７年には、試合前に我がカ
ンパニーハウスに泊まって貰い、その時たまたま本社から来て居合わせた出張者をはじ
め、デトロイト日本人会の親しい人達を集めてカラオケ大会を催した。
デンソーの加藤さん、小野田さんの運んでくれたカラオケセットと吉さんの寿司が懐か
しい。豊田章一郎会長が日本から持参された「コシノカンバイ」が好評だった。
ＪＢＬから寄贈された「マドンナが使っているマイクと同じマイク」を手に、私と小林
さんが「銀恋」をデュエットすると、歌のうまい連中が次々に歌い続ける。
明くる日には、私の車で州境いまで行き、プロアマ戦となる。彼女は、「何かあるとい
けないから、ゴルフ場の近くの民家にお世話になるの」と常宿を決めていた。
ここで、私が体験したプロアマに関連する話を箇条書にする。

1990年代、米ツアーで活躍した小林浩美。93年には日本人女子３人目となる優勝を果たした

ご参照あれ。
①チームメンバーが、スポンサー（招待者）と前夜祭に出ることもある。スポンサーのドネーション額の高い順にクジを引き、一緒にまわるプロが決まる。
②プロアマ戦当日からギャラリーが大勢つめかける。招待された小、中、高生でゴルフ場はにぎやかになる。
私はいつも次の様に紹介された。
“Mike Masaki. President of Toyota Tech Center, from Michigan.”
③妻も同道して、ラウンド中は写真を撮りまくった。
④ゲームは、大抵フォーボールで行われる。プロを交えた五人のチームメンバーの中の一番良いスコアで競技する。
アマチュアは所属するクラブの公式ハンディキャップを事前に届け出て、それが考慮される。
⑤オーエンズ・コーニングのプロアマでは、フォーサムで優劣を競った。つまり、五人が打った球の中の一番いいと思われる球の位置から第2打を全員が次々に打っていくやり方だ。俗にベストボールとも呼ばれる。
⑥プロと一緒に撮った写真を真鍮板に焼き付け、それを銘板に打ったものを記念にくれ

米ツアー参戦中の小林浩美プロを囲んでのひとコマ。左に着席しているのが著者

る。

⑦参加者に対するおみやげには、高価なゴルフグッズが選ばれる。靴やバッグやガーメントバッグなど本革製品をいただいて今でも重宝している。

1997年に小林さんとまわった時のエピソードを二つ。

①1番ホールのティーショットで、五人の中で、私のボールが一番飛んだ。彼女が近づいて来て、「どこのボール？」と言って私のボールの銘柄を確認していった。プロは、良く飛ぶボールを追求している。

②オーウェンス・コーニングのプロアマのラウンド中にグレッグ・ノーマンの「ティーチングボックス」なるものに出くわした。中に入って素振りをすると、正面、

横、上から撮影してグレッグがアドバイスをくれる。私の場合は「もう少し足の間隔を広げた方が良い。それ以外は、パーフェクト」というものだった。

足の間隔が他のプロに較べて少なめのグレッグに指摘されたので、私はなんだか釈然としなかった。このことを話すと、小林プロも「私も見て貰おっ」と言って、小屋の中に入って行った。

3 トヨタ身障者チャリティーゴルフ――チチ・ロドリゲスがホストプロ

トヨタ・アメリカは、毎年開催するプロアマ大会の収益金を身障者団体に寄附している。この大会のホストは、「剣の舞」の仕草をするので知られるようになったチチ・ロドリゲスだ。彼は、私の姿をみつけると挨拶をしに足早に近づいて来る。スポンサーのトヨタ関連会社の偉いさん達に極めて愛想が良く、時には「プエルトリコにゴルフ旅行を」と誘って来る。彼は、プエルトリコにゴルフリゾートを造ったのだ。

チチは、トリックショットが得意で、練習場にプロアマ参会者と見物人が集まる頃合を見計らって曲打ちを始める。スライスボールを打ち、間髪を入れずにフックボールを打つと、二つのボールが空中で衝突するのではと思うくらいに交叉して飛んで行く。

会場のウィングドフット・ゴルフクラブは、マンハッタン北部の森と岩盤を切り開いて造られた36ホールのコースで、木々に囲まれたクラブハウスは、古き良き時代の趣を感じさせる。アメリカが爆音をあげて走りはじめた1920年代に造られ、東コースも西コースもそのレイアウトの巧みさで名声を博している。

9番のセカンド地点か後半の10番のパー3ティーボックスのどちらかにチチが現れ、彼は「プロフェッショナル!!」を連発する。プレーヤーを励ます。

一時期、日本とプエルトリコの間が不穏になったこともあり、私は、結局、彼の招待を受けずに終った。今想うと、「行っておけば良かった」と残念で仕方がない。

④ソーンブレード・クラシック――サム・スニードとの出会い

1991年に駐在を始めて、私がアメリカで最初に誘われたプロアマは、モーターシティ・ゴルフクラシックだ。この時は、右も左も判らず、一緒にラウンドしたデトロイト・ライオンズ（プロフットボール・チーム）のコーチとか、リンキー・キャデラック販売店のオーナーがどれ程偉い人達か見当もつかなかった。

その次に声がかかったのは、当時、手堅いプレー振りで人気のあったジェイ・ハースが主催するソーンブレード・クラシックからだった。これはノースカロライナを中心とする大会で、言ってみれば、日本の関西オープンぐらいの集まりだったと思う。

前日に、ツーアイアン（2鉄）の練習を長い時間やったことと、その帰り道に立寄ったゴルフショップで売り出されたばかりのテーラーメイドのバブルシャフト付ドライバーを見て驚いたことを覚えている。

そして、もっと驚いたことに、当日、会場のゴルフクラブ入口横の長椅子に座っていた一人の老人と言葉を交したことだ。その老人は、誰あろう伝説のサム・スニードだった。

「君は、日本人か？」と、入口に入ろうとする私に彼が声をかけて来た。

「はい、そうです」と答えると、

「日本は良かった。○○と△△を知っているかい？」と質問してくる。

「いや、ちょっと、知りません」と答えると、

「あの楽しかった日々を、日本での日々を時々想い出すんだ」と彼は遠くを見る目付きに

2002年に89歳で亡くなったサム・スニード。日本での試合にも数多く参戦している

なった。

「貴方は、サム？　サム・スニードさんですね？」と、私はやっとその男があのサム・スニードだと思いついた。ニクラスより、はるかに多くのトーナメントで勝ったサム・スニードだった（彼は、メジャーを含み82勝していた）。

私は、その昔、彼のビデオを買って、彼が「ラッタッタ一と言って滑らかに振るリズムが大切だ」とビデオレッスンで言っていたのを想い出した。また、かかと体重を勧めるとも言っていたのを想い出した。サムが立ち上がったので、私は手を差し出して握手をした。大きな手だった。私は、彼の肩をポンポンとたたいて「テイクケア」と言ってクラブハウスに入った。

ソーンブレード（バラの刺）クラシックで一緒に回ったプロは、トム・パーツァーだった。彼に最初に会ったのは、モーターシティ・クラシックのプロアマ戦だったが、その時の彼は、1991年度PGA№.1のロングドライブを放っていた。メドウブルック・ゴルフ場の練習場で、観衆の一人から「なんで、そんなに飛ばせるの？」と聞かれて、「何で、でしょうかね。きっと、体の中心から手先まで、順々に動いて行くからだと思うが、意識していることは何もない」と答えていたのを想い出す。

我々アマはレギュラーティーから、プロはバックティーから打つが、私が驚いたのは、プロのティーショットよりも、セカンドの球の飛距離だった。

トム・パーツァーは、その年のPGAで、ロングドライブ1位に輝いた。今で言う、バッバ・ワトソンやジャスティン・ジョンソンに相当する訳だが、当時のパーシモンの打球の低さと、シュルシュルという回転音は、現在のような山なりの高い球と較べると迫力が違っていた。彼は翌年のオークランドヒルズの全米オープンに来るというので、私の家を使って貰うように伝言していたのだが、彼はすでに別の家を頼んでいた。

現在の我家の居間に掛かっているプロアマの写真は、一個を除いて今も色あせていない。セピア色に変色してしまったのは、ソーンブレードの写真だけだ。トムは、私より少しばかり大きいぐらいなのに全米一の飛ばし屋だった。

5 リゾートトラスト・レディス——藤野オリエとラウンド

二〇〇三年に我がホームコースのザ・トラディションゴルフクラブで開催されたリゾートトラスト・レディスのプロアマに招待された。

日本でのプロアマは、私にとって初めてなのだが、アメリカの場合と違ってギャラリーなしだった。アメリカではいつも観戦に来ていた妻は、「えっ、見に行かれないの?」と不満顔だ。

出発する#1ティーでの紹介もなく、観衆が多いほどやる気になる私は、やる気をそがれた。

アメリカでは、四人のアマと一人のプロがチームを作るのだが、日本では三人のアマと一人のプロのフォーサムだ。

また、使用するティーボックスは、プロもアマも同じだった。

我がチームは、藤野オリエプロと回った。彼女は、私とほぼ同じ身長で、当時、女子プロ一の飛ばし屋だった。

12番のパー5ホールでは2打でグリーンエッジにつけた(余談だが、私は61歳でトラディションのメンバーになったのだが、このホールで2オンしたのは1回だけで、今では、3オンもままならない)。

次のパー3とパー4は、私の最も得意とするホールだが、大抵のメンバーは苦手と言う。

13番のレギュラーティーは202ヤードだが、当時の私は、まだ2鉄をバッグに入れていた。プロアマ当日は、女子プロと一緒のフロントティーからだった。

それまで、各ホールの攻め方を藤野プロにアドバイスして来たのだが、「このホールは、右のバンカー狙いでバンカーに入らない球を打つ。グリーンエッジからは、パターで寄せれば、パーは固い」と13番を説明した。そして「見ていて」と言って打った私のボールは縦長のグリーンのど真中に乗った。

14番ティーには茶店が在り、この前にカートが2台停まっていた。ここで「つまっていた」のだ。

14番は短いパー4（ショートホール）だが、トラディションでは最も幅が狭い。おまけに、左側は、日本のコースでよく見る斜面になっている。大抵のプレーヤーは、この斜面の方が安全と見て打つ。すると、打球はバウンドしてフェアウェイに戻ってくると思いきや、そのまま、林の中に飛び込んで行く。このホールの設計は、ニクラスの弟子のスミスにしては上出来だ。

茶店に入ると狭い店内は満員で、タバコの煙が充満していた。困った人達だなと思いながら中を見ると、一番奥に不動裕理プロが身を竦めていた。私は、彼女が可哀想に思えたので、彼女に歩み寄り、「不動さんですね？」と言い手を差しのべた。彼女は、きょとんとした顔つきで私の手を握った。当時、不動プロはグラブなしでプレーしていたので、きっとゴツゴツの手のひらだろうと想像していたのだが、その手は、まるで赤ちゃんみたいに柔らかだったのには驚いた。

ニクラスの書いた「ゴルフマイウェイ」という本に、「グリップ圧は小鳥の首を絞めない程度に握る」と書いてあったのを想い出した。

前の組を回っていた不動さんは、右のバンカー手前にティーショットを運んだ。ストラテジーは、さすがである。

私は、オリエさんに「このホールの狙い所は右のバンカーです。あの手前から130ヤードです」とアドバイスした。

私のティーショットは不動さんの落下地点と同じ右のバンカー前だったが、藤野さんの打球はバンカーの前端まで飛んだ。そこから100ヤードそこそこ。彼女は楽々2オンしていた。

表彰式は、クラブハウスの中庭で行われた。優勝チームは、15アンダーぐらいだったと思う。我がチームは10アンダーぐらいで、鳴かず飛ばずの成績だった。

表彰式は軽食の立喰いパーティーだったが、最後に、アイスクリームの固まりが運ばれて来ると、女子プロ達は歓声をあげてアイスクリームをパクついた。やっぱり女の子だ。

その中に、私の好きな大塚有理子プロを見つけて一緒に写真を撮ったのだが、これが私のその日の唯一の収穫だったと言える。

大塚プロのシャナシャナ歩く姿が、1971年、アメリカで最初に目にしたPGAプロ達のきどった姿とダブり、以来、彼女が好きになった。

後日、藤野オリエプロは、中京レディースに来て練習場の奥の金網にボンボン打ち込んでいたが、その後、腰痛に苦しんでいるとのことだった。それでも、私の姿を見かけると、私の名を呼んで挨拶に駆け寄って来るなど、彼女の人柄は女子プロの中で最高に思う。

葛城に行って、いつの日か、一緒にラウンドしたいと思っていたが、私の衰え行く肉体を考えると二の足を踏む。

第7章

アメリカでラウンドする場合には

1 キャディー——有名コースではプロの卵を使う

アメリカでは、日本で一般的なレールの上を走るカートや「キャディーさん」は見られない。今でも、自分でバッグを担ぐゴルファーが多く、老人や女性プレーヤーは手引きカートを使う。リゾート地のゴルフ場や豪華なゴルフ場には二人乗りのカートが用意されており、フェアウェイに入ってラウンド出来る。インディアンウッドのようなプロのトーナメントを開催するゴルフ場では、「大会前はラフに乗り入れ禁止」と、はっきり「お触れ」を出す。せっかく伸ばしたラフを押し倒されないように気を配っている。

ニクラスがオハイオのルイビルに造ったバルハラは、トーナメントにたびたび使われる私の好きなコースの一つだが、営業を始めた頃はトレーラーハウスとプロの卵のキャディーでスタートした。

入口に待っているキャディー達が、「私を指名してくれ」と自分を売り込むのに出くわす。カート代より少し高いぐらいで雇える。

私は、バルハラでプロの卵をキャディーにしてラウンドするのが好きだった。彼らだと

２打目の場所に来ると、例えば５番アイアンを渡して「右のバンカーの手前を狙え」といった調子だった。４番アイアンで、直接グリーンを狙うようなことは指示しない。パー５の３打目では「受けグリーンだからフラッグの右側に行くとベターだ。軽くフックラインが残る」とアドバイスをくれる。

こうした会話をしながら回ると、自分がトーナメントに出ている感覚になり、何かしらハイな気分になる。日本では、こんな体験が出来ないのが残念だ。

２ カート――二人乗り。フェアウェイ乗入れ可

オーガスタ・ナショナルのメインテナンスを一手に引き受けているのがＥＺＧＯ《イージーゴー》社であることは前に書いたが、この会社の製品であるカートが、アメリカのゴルフ場をわがもの顔で走っている。

好きな彼女とラウンドする際は、愉しさも倍増する。ＥＺＧＯのバルーンタイヤと低速トルクの強さで、雨後の軟らかい湿地帯も難なく走行できる。ラフに入ったボールを探す

アメリカではポピュラーな、EZGOのゴルフカート

のに機動力を発揮する。

だが、良いことばかりではない。私がメンバーだったTPCミシガンの場合、帰国する頃には一人25ドルのカート代を取られた。これに不満のメンバーの為に、ゴルフ場側は、電動手引きカートを用意したが普及しなかった。

3 昼食——スルーが原則。ホットドッグをかじりながら

10年間の駐在生活の後、帰国して岡崎近郊のザ・トラディションゴルフクラブのメンバーになった。

当初、日本のゴルフに、色々馴染めない

ことがあったが、その最たるものが二重のテーブルクロスの掛けてあるレストランでランチすることだった。

アメリカの普通のゴルファーは、ゴルフの出来る身なりでゴルフ場に来て、駐車場でゴルフシューズに替え、バッグをバッグ立てに運ぶ。

アテンダントのボーイに、1ドル渡すと、バッグをカートに運んでくれる。受付でプレー代を支払ったらスタートだ。

全てが機能的で質素に出来ている。

昼の休憩は原則ないので、プレーヤーはホットドッグとコーラを買ってほおばりながらインに入る。

ラウンド後には、クラブハウス内のバーでビールを飲んでその日のプレー内容を反省し合う。ワイワイと会話がはずむ。

アメリカでラウンドする場合、この一時が最も愉しい。

日本でも、私の渡米前は、クラブハウス近辺に茶店があり、ラーメンとかドテメシ（ドテ煮をご飯にかけた名古屋名物）をかけ込んで後半戦に向かったものだが、今では、こういった昼メシ処が閉鎖されている。

人件費の節約と、食事で営業成績をあげようというゴルフ場側の狙いがすけて見える。

アメリカのコースでは、車で売りに来るホットドッグが昼食の定番

④ 茶店——女性が軽三輪でドリンクを売りに来る

アウトとインの中間地点に茶店を設けているコースも在るが、こういったコースは9ホール終ってもスタート地点に戻ってこられないレイアウトのコースだ。

夏場の暑い時期に若い女性が軽三輪を運転してコースを巡回しているコースも在る。こんな場合、アルコールのミニチュアボトルを中心にしたドリンク類とプレッツェルの類いの袋菓子を荷台に乗せている。飲み物は3ドル半か3ドル75セント程で、チップを入れて4ドル払うことになる。

アリゾナのように、日照りが強く、空気がカラカラに乾いている所では、軽三輪が来るのが待ち遠しい。やって来たのが、ノースリーブのTシャツに短パン姿のアルバイトの女子大学生だったりすると、まさに「砂漠にオアシス」だ。

5 チップ——道具の積み降ろし時、シューズを磨いて貰った時などに

パブリックコースに行く場合は、ラウンドする身なりでコースに行き、駐車場でスパイクシューズに履き替え、バッグを担いでクラブハウス前のバッグ立てに行く。クラブハウス入口のスターター詰め所に行き、プレー代を払って順番にカートをスタートさせる。この場合は、全部自分でやるからチップは要らない。

プライベートコースの場合は、車でフロントに乗りつける。若い男性が、バッグを降ろしてくれてゴルフカートに載せてくれる。この時、チップを1ドルか2ドル払う。

車をパーキングロットに自分で駐車しに行くのが大半のコースだが、さらに高級なゴルフコースに行くとパーキングアテンダントが居る場合がある。この場合は、3ドルぐらい

あげることになる。

クラブハウスに入って、空いているロッカーを与えられ、身支度することになるが、履いて来た靴は、ロッカーの前に置いておく。帰りまでに磨いておいてくれるし、ラウンド後にゴルフシューズを靴磨きのブースに持って行くと、磨いてロッカーの前に置いておいてくれる。この靴磨きには、私は大抵3ドル渡した。

6 レインチェック――雨でプレー出来なくなると貰えるチケット

ローカルなパブリックのコースでラウンドしていて、雨足が強くなりプレーが続行しがたい場合、早々にクラブハウスに戻るとレインチェックと呼ばれるチケットをくれる。「この先、都合の良い日に、再度、ご来訪を」という主旨が書いてある。アメリカでは予約してまでラウンドすることがないので、日本のようにキャンセル代に怯える必要はない。アメリカでは、プレーヤーあってのゴルフ場であり、入場者あってのトーナメントであるという意識が強い。

第8章 ゴルフ用語の日米差

①通じない日本流

我々が日本でゴルフする時、何の違和感もなく使っている英語（?）が、アメリカでは通じない例をあげる。オリンピックも間近、アメリカ流に変えましょう。

●ショートホール、ロングホール

パー3のホールへ来ると、日本では「ショートホールか」と言い、パー5のホールへ来ると「ロングホール」と言う。

アメリカでは、パー3ホール、パー5ホールと言い、距離のあるパー3ホールは、「ロングパー3」と言う。反対に短いパー5は、「ショートパー5」と言う。

●ニアピン

日本のコンペでは、お馴染みのニアピン。アメリカでは、クローセストピンと言う。

●アゲンスト、フォロー

風が正面方向から吹いて来ると「アゲンストか」と言い、追い風を背中に感ずると「フォローだね?」と言うが、アメリカではアゲンストとかフォローという使い方は、まず、耳にしない。

「ウィンド イズ オン ザ フェース」とか「ウィンド イズ バック」と言う。

ついでに、「風が止んだね」と言う場合は「ウィンズ ダイド ダウン」と言う。

●OK

アマチュアの我々が、よく使うセリフは、「OKだよ」「OKネ?」「ナイスパット。OK」と、カップの近くへ来ると、「もう、ホールアウトしなくていいですよ。ボールをピックアップしてください」の意味で同伴プレーヤーが許可をくれる。

しかし、アメリカの場合、OKの意味が違う。

「OK?」という質問とも掛け声とも取れる呼びかけは、「大丈夫かい?」という意味であり、この呼びかけに「OK」と答えるのは「ああ、うまく行っているよ」という意味である。

じゃあ、日本のOKの意味のように、ボールを拾うのを許可する場合はどうかというと、アメリカでは「ギミー」とか「ピック・イット・アップ」と言う。

なんで「ギブユー」じゃなく「ギブミー」なのか、アメリカ人に聞いても「さあ、なんでだろうなー」という答しか返って来なかった。

②アメリカでよく聞く言葉

アメリカ人とラウンドしていると、次のような言葉によく出くわす。

●ティーボックス

日本で言うティーグラウンド。もともと長方形の形をしていて、前の方で打ったり、後ろの方で打ったりと、そのホールの距離を調整したり、芝の成育を考えてゆとりを持たせていた。アメリカでも、最近は、フロントティーとかレディースティーとか、ティーボックスの数を増やして来たが、日本では、ゴールドティー、クイーンズティーとティーボックスの数が次々に増えている。

●パー3、パー5

通じない日本流の項で説明したが、日本で言うショートホールとロングホールは、パー3、パー5と呼ぶ。ＰＧＡツアーのトーナメントでは230ヤード前後のロング・パー3ホールとかワンオンが可能な300ヤード前後のショート・パー4ホールが在り、話題を呼んでいる。

●グッドボール

日本では「ナイスショット」という掛け声がよく聞かれるが、アメリカでは「グッドボール」と叫ぶ。日本で「グッドボール」と呼ぶ人が居たら、その人は、アメリカ生活が長かった人と想ってまず間違いない。

●ハザード

日本では、ほとんど聞かないが、アメリカではハザードという言葉がよく使われる。本来の意味は危険ということだが、ゴルフでは、池や川やバンカーを言う。2019年のルール改定で、池や川はペナルティーエリアと呼ぶことになった。

●ウェット、ドライ

「ボールが斜面を転がり落ちてクリークに入ったか、途中のラフにひっかかって止まっているか？」という状況の時、日本では「入った？」という疑問詞が使われる。こんな時、アメリカでは「ウェット？」とか「ドライ？」という言い方をする。

●グレイン

グリーンの芝の目がどちらを向いているかは、日本では「山の方向に」とか「海の方向に」とか「傾斜に沿って」とか色々な言い方を耳にする。この芝目のことをグレインと言う。テレビ画面で、グリーンが光って見える部分が順目で、暗く見える部分が逆目である。

アメリカのグリーンでは、ベント芝にポアナ芝とか、バミューダ芝とかやっかいな芝が混じっていることが多いので、なかなか一筋縄にはいかない。

●グッドスピード

パットを打って、カップに近寄ると、我々は「ナイスパット」とか「距離感が良いね」とか言うが、アメリカでは「グッドスピード」と言う。

●クリーンアップ

わずかにカップをはずしたパットの場合、タップインしてホールアウトするが、これに対してPGAの解説者は「クリーンアップ」という言葉をよく使う。

3 その他、覚えていると役に立つ英語

●ワームバーナー

この言いまわしは面白い。日本ではよく口にする「あっ、トップしちゃった」という奴だ。地面を這うボールが小さな虫を焼き殺すという意味である。

●ディーセントライ

「ライは、良さそうですね」とテレビ中継の解説者が言う良いライのことを指す。

●クリスプアイアンショット

マックへたびたび行く人は、「クリスプ」という言葉になじみがあると思う。「パリッとした」仕上げのバーガーのことをクリスプハンバーガーと言うが、アイアンショットの場合は「切れ味するどいアイアンショット」という意味だ。

今の時代は、ほとんどのPGAプレーヤー達でもウェッジまでフルスウィングする傾向にあり、この言葉を耳にすることも少なくなった。

●リップアウト

入ったと思ったパットも、時には、ボールがカップの縁をなめて飛び出してしまう。こんな場面で、リップアウトとかリップオフとか言う。

私がゴルフを始めた半世紀前によく耳にした。「後家殺し」と同じ意味。

●ウェイライト、ウェイショート

「右へ行っちゃった」という場合、「ウェイライト」と言う。

左へ行った場合は、「ウェイレフト」と言う。また、「飛んでいないな」という場合は、「ウェイショート」と言う。

●ウェイストエリア

日本ではあまり見られないが、アメリカのゴルフ場ではたびたび出くわす。草の生えていない荒地のことで、バンカーよりはるかに大きい。ウェイストエリア内では、ソールしても良い。アメリカでは、ウェイストエリアを均す習慣はない。

あとがき

セントクリークでラウンドして家路につく。我が家の近くの市営グラウンドの脇に差し掛かると、子供達の黄色い叫び声と、ホイッスルの音が聞こえて来る。

大勢の幼児、小学生、中学生が夫々集団になってボールを蹴って走っている。手前の駐車場は、我が子を送って来た奥様方の車で埋まっている。

私は、中学に入った時からサッカーを始め、高校、大学とトータル10年間サッカー一筋だった。従って、サッカーについては人一倍、専門的な見方も出来るし、日本のサッカーの変遷の歴史を、時に、想い出す。

今日のサッカー界の隆盛は、Jリーグの誕生に負う所大である。大学サッカーが全国を制覇している頃、実業団サッカーを育て、やがてJリーグの設立へと持って行った川淵三郎氏。もう一つの原因は、道具の進化と芝生のグラウンドがあちこちに出来た結果である。ボールが行き交うスピードと距離に魅了されるようになったことも大きい。

安全靴のように重いシューズとチューブ入りの厚皮のボールの時代は、ハーフウェイラインまで蹴るのが大変だった。

ひるがえって、ゴルフの世界を返り見ると、サッカー界と重なる部分が多い。一つだけ、異なる点をあげると、近所のグラウンドでボール蹴りに興ずるような幼児、小学生が、ゴルフクラブを振り回している姿が見られないことである。

昔のパーシモン時代は、重くて短い道具と飛ばないボールを使っていた。ゴルフに対する技術理論も次々に変遷して来た。

現在は、カーボンシャフトにチタンヘッドの時代になり、ボールもひたすら飛びを追求するようになった。

オリンピック種目に、ゴルフも入れられたというのに、トッププレーヤー達の技を見せるゴルフ場が日本にはない。トーナメント競技でも、最後は、「ショウタイム」が期待される。そんな時に登場する技と風格を身につけたプロが日本に居るのだろうか?

何にも増して、川淵氏のように組織を創り、それを軌道に乗せる才覚の持主の出現が待たれる。

最後に、あえて日本のプロゴルファー諸君に苦言とアドバイスを申し上げる。

次の三点を重々心して欲しい。

①観客の皆さん在ってのプロゴルフ界である。
②トーナメントでは、最高のパフォーマンスを見せる。
（ティーボックスで練習風景を見せない）
③プロは、技は勿論、全人格を見て貰う心構えが肝要である。

女子プロに

日傘をさしてフェアウェイを歩く姿を見ると、これがプロかと思う。パンツに手を突っ込み歩く姿を見ると、これがプロかと思う。就職活動に行く時の、雇主に対する姿勢を考えたら、とてもそんな態度はできないだろう。
身なりも身のこなしも、そのプレーヤーの人格を映し出していることを肝に命じることだ。最近、ラウンド中に日傘をさして歩くシニアプレーヤーを見ると、女子プロの影響力の強さを実感する。

男子プロに

アメリカに行く男子プロが、今後も増えると思う。アメリカで活躍するプロの一週間は次の様に過ぎて行くと推測する。大変忙しい。

木曜日~日曜日　トーナメント
月曜日　移動、洗濯など身のまわりのことを片付ける。
火曜日　練習
水曜日　プロアマ、前夜祭

日本のゴルファーは恵まれている。新幹線が在り、宅配便が在る。自分の車でも、大抵の所へは移動できる。夜は遊び場にも行けるし、将来の伴侶にめぐり合う機会もある。
アメリカへ行った場合は、大違い。ゴルフ以外の日常は、悲惨と言える。

移動一つとっても大変だ。飛行機の予約、ホテルの予約をはじめ全部自分でやらなければならない。

現在のＰＧＡの優勝賞金は１億２０００万円。優勝に手が届くようになれば、アメリカに自宅を買い、果ては、プライベートジェット機も持てるようになる。そういう恵まれたプロは別にして、世界の檜舞台でプレーしたいというプロの苦労は半端じゃない。

とどのつまり、アメリカへ勇躍出かけた日本の男子プロも、キャディーとして日本から連れていった女性と一緒になることになる。独断と偏見という言葉があるが、大胆な提案がある。聞いて欲しい。

現地の女子を雇ってキャディーにし、マッサージも頼み、足入れ婚も試してみては如何か？　英語もじきに覚えるし、何よりもアメリカ人に対して気おくれしなくなる。

アメリカ人のキャディーと起居を共にすれば専属の通訳なんて要らない。アメリカ人のキャディーと行動を共にすれば、アメリカ人の考え方、行動パターンが自然に解り、身に付く。これが一番大きい。アメリカでの生活が愉しくなる。ぜひ、お勧めしたい。

日本で、外人キャディーを連れてトーナメントに出ている女子プロを見かける。その数も多くなった。少し慣れてくれば、違和感はなくなる。


今年、2018年のフェデックスカップ第1戦は、ニュージャージー州はパラマスのリッジウッドCCで行われた。

私は、第1回目の米国駐在（1971年〜73年）の3年間をこの地で過ごした。

リバベールなどのパブリックコースで無我夢中でラウンドしていた時期に、1回だけリッジウッドでプレーする機会があった。

この時、入口に「キャディーに雇ってくれ」と言って、プロ手前の若者達一五、六名が並んでいるのを見て、アメリカのプロの世界の厳しさを漠然と感じた。彼らの真剣な目付は今でも記憶にある。

アメリカのツアープロのトッププレーヤー達は、日本よりはるかに高額な賞金を手にする。また、クラブプロもメジャーに出場する機会が与えられていて日本よりは恵まれた待遇を受けている。

だからと言って、そちらにばかり目が行くのではなく、アメリカ人プロ達の必死な生き様も頭に入れて欲しい。

ゴルフ場の経営、ゴルフ練習場の経営が大変なのを見聞きする。終生ゴルフを友にしようと考えている私にとっては、大変気になる所である。何とかして、人々がゴルフ場やその練習場に足を運ぶようになる方策を考え、手を打たなければならない。

特に、中学生、高校生、大学生のゴルフ人口が増える方策を考えなければと思うのだが、なかなか良いアイディアが見つからない。

●プロアマの時は、小・中学生を無料招待する。

●トーナメント開催クラブのメンバーと家族は、期間中無料招待する。プロとの夕食会を開催する。

●親がラウンド中、子供達が過ごせる施設を造る（プール、テニスコート、アドベンチャーエリア等）。そして、練習場は、午後、無料開放する。

●孫に会員券を生前贈与できるようにする。孫の年会費とプレー代は、最小金額にする。

●ゴルフ場職員の数を、極力減らしてスリムにする。運営経費の足りない分は、近辺の企業に支援を頼む。

こう思い付きを書いて来たが、これはといった案件には遠い。やはり、関係者の方々のアイディアを集約する機会を持った方が良さそうだ。

ラスベガスは、ギャンブルとショーをやっていた時代から、ご婦人方や子供達が喜ぶ催し物を加えてから一層発展して現在の隆盛を招いた。

日本では古来「頑固な職人気質」が尊敬含みの気持ちで許容されて来た。ゴルフ界にもそんな雰囲気が感じられるが、今後は、周りに溶け込める人間性と社交性が醸成されることが期待される。

蛇足❶――ゴルフを愉しむこと半世紀

喜寿を過ぎた今も、月7、8回のゴルフを愉しんでいる。PGAの放送も週末の早朝欠かさず見ている。

ゴルフを始めた25歳か26歳の頃から数えると約半世紀。長いゴルフ人生で色んな体験をした。様々なことを学んだ。その蓄積の一端を披露したい。そして読者諸兄のゴルフに対する考えも、見方も、少しは修正されるかもしれないと期待する。

我がゴルフ人生を追記する。

❶ハンディ36でスタート

今から50年も前のゴルフ場は、主に、サラリーマンで賑わっていた。先輩から「3本持って走れ」と叱咤激励されていた頃が懐かしい。

平らな高麗芝のグリーンでは、カップまでの距離を歩測して力強く打つ。30センチ以内(実際はもっと長くなる)に寄せてOKをもらう。何も考えずに動きまわっていた。

パブリックコースの予約を取るために、夜半過ぎから並んだ。バンの中で仮眠した営業マンも、当時は多かったと想う。なぜこんな仕組みになっていたのか？　駆出しの私は理解しようともしなかった。

当時、ゴルフ場では、まず、女性プレーヤーを見かけなかった。勿論、カートもなかった。

職場コンペが主で、ラスベガスとか、オネストジョンとか、オリンピックとか、賭が普通だった。

❷ニューヨーク駐在時代

１９７１年から３年間、ニューヨーク事務所に駐在した。最初の１年間は、事務所の連中は私のことに構わず、日本自動車工業会の月一のコンペに夢中だった。

私は、パラマスのハーマンという大きなスポーツ用品店でアイアンを買い、ルート３の練習所に通った。道具の知識が全くなかった私が買ったのは、ホイッピーシャフトのキャビティアイアンだった。このアイアンのせいか、私は、随分、いわゆる「打ち込むアイアンショット」が出来なかった。

SシャフトとかXシャフトが好きになるまで、随分、回り道をしたもんだ。

当時の日本の週刊誌に、ニューヨーク近辺の日本人駐在員の行状が取り上げられ、リバベールという名のパブリックには「小便するな」の立て看板があると書かれた。

私も、駐在して一年たつ頃、このリバベールへ行くようになったが、ここの夏場のラウンドはきつかった。アップダウンが結構きつく、手引きカートを引っぱって登る頃は、汗びっしょりで「こんなゴルフ、愉しかないや」になってしまう。

丁度、この頃、所長から「君も出ないか？」と月一の例会に誘われた。

こちらは、ニュージャージー州のコルツネックという田舎に在るホミニーヒルというプライベートゴルフ場で開催された。

海運王が奥様の誕生日に贈ったというだけあって、距離は短いが、美しいコースだった。クラブハウスもこぢんまりしており、ランチは、ローストビーフをメインにしたブッフェが定番だった。

ここでは、二人乗りのカートで楽々ラウンド出来た。

アパートで帰りを待っている妻にスイカを買って帰った。コルツネック周辺の農家がスイカを道端で切り売りしていた。アメリカのスイカは大きな枕のような形をしており、私はいつも1／4だけ買った。それでも妻と二人には多過ぎるぐらいだった。

だんだんゴルフに熱が入って来た私は、ルート9W（ナインダブリュー）に在る練習場に足繁く通うようになった。

夏の夜、夕食をすませて出かけると、そのゴルフ練習場の入口近辺は若い男女で賑っていた。ホルターとホットパンツ姿の20歳前後の女の子は、何とも魅力的で新鮮だった。そして、この練習場のオーナーが、8時から9時頃にドライバーショットを見せに現れる。彼はゴムマットの上に直にボールを置き、シャフトを短く切ったドライバーで250ヤードの看板越えのすごい球を打っていた。股を開いて今の松山に似た打ち方だった。

秋風が吹く頃は、さすがに北国のニューヨーク。この練習場に行っても、まず人影がなかった。

3ドル75セントのラージバケットを買うと、このオーナーは、カゴからこぼれるまでボールを入れてくれた。その後しばらくして、彼と口をきくようになった。

彼は、ジョージ・コーパックというポーランド人で、ドラコン王だった。このことは後になって知った。

日本から来る出張者は、おみやげにゴルフ用品を買って帰りたがった。当時日本で人気のあったリンクスのアイアンをジョージは330ドルで売ってくれた。彼の息子だと500ドルは取った（当時のドル円は固定相場で、1ドル360円だった。決して安い買物ではなかった）。

3 第2回目の駐在でデトロイトに行く迄

係長、課長時代の日曜日は、技術部のコンペ、部のコンペ、課のコンペで過ごした。技術部のコンペは葛城で年2回開催された。これには技術部の担当副社長も参加され、緊張した。

当時の技術部で一番うまかったのは松本副社長だった。雨の日の宇刈コース。私は第1組で、幹事から副社長のめんどう見を仰せつかった。自分の球の行き先よりも副社長の球をしっかり見ていた。

18番ホールの第2打地点で副社長がぽつりと言った。「君と私は、今、同スコアだね」そして彼はボギーをたたき、私はパー。私のトータルは79で、生涯初めて80を切って優勝した。副社長の挨拶は、「君は、仕事はそこそこに、ゴルフはしっかりやるようだネ」というものだった。

この松本副社長は、日頃80台前半で回っていたので哲学めいたことを言われる。

即ち、

- ●グリップが全てだ
- ●結局、肩も、体も、足も、全て平行がいい。

以来、私は、迷った時、この言葉を想い出して原点に戻るように努めた。

佐々木副社長になって初めての技術部コンペは山名コースで開かれた。この日も、私は佐々木副社長のめんどう見のために第1組に組み入れられた。

雨上がりの景色が美しかったので、歩きながら「景色がきれいですね」と言うと、副社長は「正木プロは余裕だね。私の方は、地面ばかり見て歩いているよ」と仰る。

この時も、私が優勝したのだが、佐々木副社長の挨拶は、先の松本副社長と違っていた。

「仕事も出来るが、ゴルフも出来る。こうありたいものだね」

部のコンペは、旭ガラスとの対抗戦という形で、南山で行われていた。当時の私は、南山の会員権を買おうとする程、南山贔屓だった。特に練習場まわりの雰囲気が好きだった。プロデビューした山本祥子プロのしとやかさにも魅了されていた。

居間の棚に飾ってあるチェコグラスの優勝カップを見ると1980年夏、86年冬、87年冬の3回優勝している。優勝するとハンディが二割減る習わしだった。私のハンディは6まで行った。

この頃の私のアイアンはダンロップのDP30だった。デビッド・イシイが使っているのを目にして買い求めた。マッスルバックの美しさに魅入られた。以来、マッスルバック時代が今も続く。

ウッドは、マグレガーターニーは勿論、ベンホーガンやコブラ、クリーブランドクラシック、パワービルト、果ては、ヒロホンマまで形の良さ、木目の入り方、塗りの美しさを求めて愛知県内はもとより、静岡県まで出かけて個人輸入のショップを巡った。1本2万円前後だった。パターは、アリゾナのフェニックスでソルハイム氏に会ったことを想い出し、ピンのアンサーを買った。岡本綾子プロがジングを使い出したので、私もすぐに同じモデルを買ったが、何故かなじめなかった。現在のお気に入りがピンジングパターなのは不思議だ。もう手離せない。ジョージ・ロウやウイルソン8813に戻ることはなかった。

私のゴルフ人生を振り返ると、40歳代が一番輝かしかった。50歳直前に第2回目の駐在に渡米したが、藤巻社長が歓送ゴルフを小原CCでやってくれた。このゴルフ場は、トム・カイトと川田太三氏の設計で、倉本プロと岡本プロの打ち初めラウンドがNHKで放映された。当時、注目されていた新設のゴルフ場だ。

その日、私は、いつになく好調で、アウトをパープレーで回った。36は生まれて初めてのスコアだった。

ランチの時、私の部下が言う。「このJ,s、なかなかうまく打てないんです。先輩、好調の様だから一度試しに打ってみて下さい」私はJ,sを知っていた。ジャンボが造らせたドライバーで、ハーモテックシャフトが挿してあり、脚光を浴びていた。

「うん、私も興味を持っているので、インで打たせて貰うよ」と返事をして考えた。きっと球が掴まらないんだろう。よし、まかせなさい。

10番ホールで打った私のティーショットは、ダグフック。左側の池にポチャン。「あんな所に池が在るんだねー」と言いながら、私は必要以上に強くグリップして、右手を返したことを反省した。

当時、好調のジャンボは、「上げて下ろすだけ」と格好いいことを言っていた。そして、超高いティーをはやらせた。

（余談だが、ジャンボは最近の様子を、雑誌のコラムでこう言っている。『昔は、右手は禁じ手。左手で打っていたが、歳をとった今は、右手のスナップで打っているよ』）

❹ 渡米、デトロイトで十年間駐在

会社の拠点が、デトロイトの本社の他にロサンゼルス、アリゾナのフェニックス、その他数ヶ所に在ったので北米内を飛び回る機会が多かった。会社から、ＴＰＣミシガンとロスのバレンシアのメンバーシップを与えられたので、さっそく、両所にニクラスのミュアフィールドアイアンを置いた。さらには、アリゾナのテストコースの社長室にも、マグレガーのミュアフィールドを置いた。

ウッドは、まだ、パーシモンだったが、おいおいチタンヘッド+カーボンシャフトに移って行った。ドライバーは、キャロウェイのビッグバーサ、フェアウェイウッドは、テーラーメイドの200スチールがバッグに入るようになった（歴史的に見て、PGAプロのフォーサムの中、3人が同じ道具を使っていたというくらい人気だったのが、ベンホーガンのアイアンとピンアイ2のアイアン、それにテーラーメイドの200スチールのフェアウェイウッドだ）。

キャディーバッグは、バートンを買い求め、時にはお隣のミシガン大のバッグも手にした（帰国して気がついたのだが、日本では、ゴルフ用品メーカーのバッグを大半の方々が使っているのにはびっくりした。ここらも、日米の気風の違いか？）。

その頃のドライバーは、キャロウェイとコブラが人気だった。コブラの道具一式をグレッグ・ノーマンがクリントン大統領に贈ったりして話題になったこともある。

駐在を始めて家族が4月に来る迄は、しばらくロスでホテル住いをしていた。バレンシアでは、午後の半ばを過ぎると急激に冷えてくるのを体感した。ぐーんと冷えてくる。

4月を過ぎる頃、私達家族は、BIG3のお偉いさん方の住んでいるブルームフィールドヒルズに居を構えた。春もたけなわ、ゴルフをやりたくて体がうずく。調べてみると、我が家から15分以内に20ものゴルフ場が在ることも判った。デトロイトには100を超すゴルフ場が在ることが判った。

デトロイトでのゴルフ生活は愉しかった。

会社の隣のミシガン大のラドリックファームへはよく通った。ここがピート・ダイの第一作と知ってますます好きになった。

TPCミシガンへは、毎週末のように家族四人で通った。また、夏場は、アッパーミシガンのゴルフリゾートへ毎年1回は通った。

冬場、雪に埋もれる季節には、出張の機会にカリフォルニアやアリゾナでラウンドをした。


そして、プロアマへの招待。私のゴルフ人生の華だった。

この10年間の輝かしいゴルフ人生の間には、アメリカ人プロの人格と日本から来るプロの人格の落差を幾度となく目にした。

TPCミシガンでシニアツアーがあった時のことだ。私達家族も他のメンバー達と一緒にクラブハウスの中で、戦い終えて戻って来るプロ達を待っていた。握手をしてサインを貰うためだ。

「あっ、Aさんだ。Aさーん」と言って娘が声を掛けたのだが、Aプロは見て見ぬ振りをして通り過ぎて行く。「なんで?」と言った娘の顔を見るとなんとも淋しい気持ちになる。

その後、次々に帰ってくる選手達を見ていると、ようやくお待ちかね、ニクラスが現れた。

彼は、群がる子供達の差し出す帽子やサイン帳に丁寧にサインをし始めた。

ニクラスは、相手の子供の目を見て二言、三言言葉をかけ、握手している。

日本のAプロとの落差の大きさにびっくりする。

もっとがっかりしたのは、あるトーナメントに参加するためデトロイトに来たBプロだ。

友人の和食レストランのオーナーが怒りを露わにして言った。

「彼らは、ウチの店の娘のお尻に触り、女の子が『何をするのよ』と怒ると、100ドル札をオッパイに差し込み『文句ねーだろ』という調子だった。私は彼らに出て行って貰うように言い、入口に塩を撒いた」

極端な例を書いたが、いつもニコニコしていて米人にも人気の高かった丸ちゃんのような人柄の選手が望まれる。

日本人の名誉のために。

蛇足❷——グッドイヤーの飛行船（ブリンプ）

PGAツアーを放映しているゴルフネットワークの画面に、時々上空に飛行船が現れる。この飛行船からの映像は、トーナメントの行われている地域の景色を映し出して、一時、ゲームに集中するわれわれの緊張感を和らげてくれる。

もう20年も前になるだろうか、私たち数名は、ブリンプライドに招待された。デトロイト空港横の空き地からトヨタ米国テクセンの上空まで、ゆっくりゆっくり飛んで、会社周辺の景色を堪能した。

この体験以前、私は、ブリンプという単語も、飛行する原理も知らなかった。気球とは、なんとなく違うと感じていたが、ブリンプライドを体験して、これにまつわる話を聞いた。

次に、その要約を示す。

一、ラグビーボールのような形状の船体に、常時、ヘリウムガスを入れておく。船体下に吊り下げた客室と乗員分の浮力を得る。

二、従って、乗員が降りると船体は浮揚するから、船体から4本のロープを常時垂らし、これを地面の杭に縛り付ける。雨が降ると、船体に付着した水の重さで、飛行船は上

昇出来なくなる。

三、客室後方に小さなエンジンとプロペラと操舵翼が装備してあり、これで前に進む。船体のガス室は、前後の部屋に分けられており、上昇したい時は前方にガスを、下降したい時は後方にガスを送り、上昇姿勢を取ったり、下降姿勢を取る。

グッドイヤー社は、アメリカ東部と西部に基地を設けて、二つのブリンプで全米をカバーしていたが、このクルーを維持する経費が馬鹿にならず、世紀が変わる頃、この分野から撤退した。その後を継いだのがスヌーピーの絵でお馴染みのメットライフ社だったが、今年（2018年）気が付くと、ブリンプのロゴが昔懐かしいグッドイヤー社の物になっていた。

正木邦彦
まさき・くにひこ

1940年、岐阜県生まれ。

名古屋大学航空学科卒業後、トヨタ自動車に入社。

ニューヨークで3年、デトロイトで10年間、駐在。

リタイヤ後に6年間、名古屋外国語大学で「トヨタウェイ」を講義。

ゴルフ歴は約半世紀。

主な著作に「デトロイトでカムリを開発」（幻冬舎）、「アメリカ駐在奮闘記」（幻冬舎）、「私の旅行記」（文芸社）などがある。

アメリカのゴルフ 日本のゴルフ

2019年8月5日　初版発行

著　　者　正木邦彦
発 行 者　木村玄一
発 行 所　ゴルフダイジェスト社
〒105-8670　東京都港区新橋6-18-5
TEL 03（3432）4411［代表］／03（3431）3060［販売部］
e-mail gbook@golf-digest.co.jp

デ ザ イ ン　スタジオパトリ
印　　刷　株式会社光邦

定価はカバーに表記してあります。乱丁、落丁の本がございましたら、
小社販売部までお送りください。送料小社負担でお取り替えいたします。

ISBN978-4-7728-4183-2　C2075